Walter Zigmund

SPRECHERZIEHUNG
&
RHETORIK

oder

DER WEG NACH OBEN

Walter Zigmund

SPRECHERZIEHUNG
&
RHETORIK
oder

DER WEG NACH OBEN

Bibliografische Information der Deutschen Nationalbibliothek
Die Deutsche Nationalbibliothek verzeichnet diese Publikation
in der Deutschen Nationalbibliografie; detaillierte bibliografische
Daten sind im Internet über http://dnb.d-nb.de abrufbar.

Die Bilder sowie das Coverfoto sind von Walter Riegler
Umschlagdesign, Satz, Herstellung und Verlag:
Books on Demand GmbH, Norderstedt
ISBN 978-3-8448-4669-0

Inhalt

Vorwort zu „Der Weg nach oben"

Der Weg nach oben ist häufig ein steiniger.

Steine können hilfreich sein, wie der Chalzedon, der wasserblaue Halbedelstein, der als der „Stein der Redner" gilt. Er ist schon seit der Antike bei großen Rednern als Geheimtipp für Stimmpflege beliebt und ein bewährtes Mittel gegen Lampenfieber.

Der bedeutendste griechische Redner, Demosthenes (384 – 322 v. Chr.), vertraute der Kraft des Chalzedons wie auch sein römischer Kollege Cicero (106 – 43 v. Chr.), der den Stein zur Stärkung seiner Redekunst an einem Lederschnürchen unter seiner Toga getragen haben soll.

Demosthenes trainierte seine Redefähigkeit, indem er Kieselsteine in den Mund nahm und damit gegen die Meeresbrandung anschrie.

Auch uns sollen Steine begleiten, den Weg nach oben erfolgreich zu bewältigen.

Walter Zigmund

PS: Die folgenden Ausführungen schließen Frauen und Männer gleichermaßen ein.

Achat

Die richtige Sprache

Unter Berücksichtigung regionaler Mundart müssen die erforderlichen Sprechtechniken und Sprechformen in einer der Hochsprache angenäherten Form (Standardsprache) erworben werden. Dem oder der Auszubildenden soll bewusst werden, dass die Vorbildwirkung bedeutsam für das richtige Sprechverhalten anderer ist. Sie sollen durch eigenes Tun erfahren, dass sich die Gesamtpersönlichkeit auch durch die Art des Stimm- und Sprachgebrauchs (einschließlich Körperhaltung, Körpersprache, Mimik, Gestik) manifestiert. Ziel der Bemühungen ist eine ökonomische, gesunde, tragfähige, von richtiger Atmung bestimmte Stimme, die Kontakt zum Gegenüber herstellt. Es ist ein ökonomisches Sprechen zu erreichen, das den ganzen Menschen in seiner physio-psychischen Einheit erfasst.

Die wichtigsten Kenntnisse über stimmhygienische Maßnahmen, über physiologische Vorgänge beim Sprechen und Möglichkeiten von Diagnose (Therapie) auffälliger Sprech- und Sprachfehler sind zu beachten. Ausgehend von einer richtigen Atemtechnik sind ein weich-elastischer Stimmeinsatz, richtiger Stimmsitz und plastische Artikulation anzustreben. Das Auffinden der individuellen Sprechtonhöhe, die Anpassung der Sprechstimme an den Raum und verschiedene Formen berufsbezogenen Sprechens (Vorlesen, Erzählen, Vortragen, Erklären) sind zu üben. Dabei ist – unter Berücksichtigung der Persönlichkeitsstruktur des Sprechenden – die Bedeutung der Körpersprache mit ihrer Vielfalt an Möglichkeiten aufzuzeigen. Die wichtigsten Aussprecheregeln der Hochsprache und Grundregeln sprachlicher Kommunikation sind zu vermitteln.

Die Stimme ist ein wichtiges Instrument für jeden Menschen. Richtiges und situationsangepasstes Sprechen dient nicht nur der Gesunderhaltung des gesamten Organismus, Sprache ist darüber hinaus ein wichtiges Ausdrucks- und Kontaktmittel. Daraus ergibt sich, dass der Erwerb einer guten Sprache nicht allein auf Lautschulung beschränkt sein darf. Viel mehr hat das Stimmtraining den "ganzen Menschen" zu erfassen, muss Sprecherziehung eine psycho-physische Schulung sein. Das gesprochene Wort muss durchdacht und erfühlt werden, wenn es als lautlich-körperliches Sprechen beim Zuhörer "ankommen" soll. Nur im Zusammenwirken von "Hirn, Herz und Mund" kann die Intention der Sprache auf den Hörer übergehen.

Die Atmung ist die Basis für jede stimmliche Tätigkeit. Daher soll das Ziel der Ausbildung eine "Atemrhythmisch-angepasste Phonation" sein. Die einzelnen Teilbereiche des Stimmtrainings (Körperhaltung, Atmung, Toneinsatz, Tonsitz, Resonanz, Artikulation) dürfen voneinander nicht isoliert und nicht nur rein mechanisch trainiert werden, wenngleich beim praktischen Tun Schwerpunkte zu setzen sind.

Standardsprache: Die Beherrschung einer überregionalen und dialektfreien "gehobenen" Sprache muss verbindlich sein. Sie soll zumindest dem Deutsch entsprechen, das auch Ausländer lernen und von uns erwarten. Wer die Standardsprache beherrscht, wird von seinem Sprachniveau leichter in die Umgangsprache oder ins Mundartliche greifen können als umgekehrt. Unglaubwürdig und kontaktfeindlich wird die Sprache erst dann, wenn Hochsprache als "Schönsprechen" (Überbetonung der Vokale, überspannte Konsonantierung) antrainiert wird. Sowohl für die Pflege der Standardsprache als auch der Umgangssprache und der Mundart gilt eines gemeinsam: Verständlichkeit durch korrekte Artikulationsspannung. Sowohl beim "Nuscheln" als auch beim "gespreizten" Sprechen leiden Verständlichkeit, Gesundheit der Sprechorgane und auch der Kontakt zum Zuhörer.

Körpersprache: Der Rollenwechsel vom Hörer zum Sprecher hat Unbehagen und Unsicherheit zur Folge. Trotz Bewältigung auf sprachlicher Ebene teilen sich diese unverkennbar auf der nonverbalen Ebene der Körpersprache mit. Die Unsicherheitssignale können durch Bewusstmachen und einfachste Hilfen abgebaut werden. Hinweise in Bezug auf Körpersprache sollen die rein sprachliche Schulung ständig begleitend ergänzen, Sprechen ohne Körpersprache ist unmöglich. Selbst wenn sich diese in Abhängigkeit von der Person des Sprechens auf ein Minimum beschränkt, müssen gewisse Wirkungen der Körpersprache erkannt und bewusst gehandhabt werden (z.B.: Blickkontakt, körperliche Zuwendung, Mimik, Gestik).

Ökonomischer Stimmgebrauch: Nur eine ökonomisch geführte Sprechstimme schafft Kontakt zum Zuhörer und ist Garant für die Gesunderhaltung der beim Sprechen beteiligten Organe. Ökonomie soll in allen Teilfunktionen des Sprechens angestrebt werden.

Körperhaltung:
Keine Verspannung oder Erschlaffung der Muskulatur.

Atmung:
Reflektorische Atemergänzung; nicht zu viel Luft holen (Überdruck!); unökonomisch sind zu lange Phrasen auf einem Atem, aber auch zu kurze mit hörbarem "nach Luft schnappen".

Stimmeinsatz:
Keine harten ("Glottisschlag") oder verhauchten, sondern weiche, elastische Stimmeinsätze.

Stimmsitz, Resonanz:
Ausnützung aller für den Klang der Stimme erforderlichen Resonanzräume.

Artikulation:
Plastische Gestaltung der Konsonanten, bewusste Formung der Vokale! Weder schlampiges noch gespreiztes Artikulieren.

Ökonomischer Stimmgebrauch erfordert ein Zusammenwirken von Stimme und Körpersprache.

Tragfähige Stimme: Den so wichtigen Kontakt zum Zuhörer schafft die tragfähige Stimme. Nur eine ökonomisch geführte Stimme besitzt Tragfähigkeit, das heißt:

Sie bleibt auch bei geringer Lautstärke – selbst in großen Räumen und auf große Entfernung – für den Zuhörer gut verständlich und behält daher ihren Wohlklang. Fehlerhafte Formen: Verhauchen, Pressen, Näseln, Klemmen; zu laut – zu leise, zu hoch – zu tief. Wichtig ist die Fähigkeit, die Stimme dem Raum und der Situation anpassen zu können.

Welche Fehler bekämpfen wir?

Fehler der Atmung:
der flache, kurze Atem, das geräuschvolle Atemholen, das Stauen des Atems beim Anfänger, die Luftverschwendung (das Verblasen des Atems), das Zuviel-Atem-Schöpfen (äußere Merkmale: gequälter Gesichtsausdruck, Rotwerden),
das Heben der Schultern beim Einatmen.

Fehler der Tonbildung:
zu hohe Stimmlage, Pressen, knödeliger oder halsiger Ton, bedingt durch eine zu weit hinten liegende Zunge,
flache, resonanzarme Tongebung.

Fehler der Artikulation:
Mundfaulheit, Trägheit der Lippen, dauernd geschlossene Zahnreihen, schwere Zunge,
Fehler bei der Bildung der s-Laute sowie hintere Bildung des r.

Fehler der Rede:
Monotonie, hastiges, pausenloses Sprechen, falsches Pathos.

Allgemein:
Alle Verkrampfungen des Sprechapparates.

Welchen Zielen streben wir zu?

Der geräuschlosen Vollatmung. Hiebei ist besonders auf die Flanken- und Zwerchfellatmung zu achten.

Der unverkrampften Tongebung:
> Lockerung der etwa versteiften Halsmuskulatur.

Präziser Artikulation:
> mit Hilfe geschmeidiger Lippen,
> mit Hilfe eines lockeren Unterkiefers,
> mit Hilfe einer elastischen Zunge.

Der im Rahmen der Begabung möglichst farbigen Rede:
> durch Schönheit der Stimme,
> durch Plastik der Sprache,
> durch Pointierung des Gedankens.

Welche Faktoren entscheiden über den Erfolg ihrer Rede?

1. Der Aufbau Ihrer Rede.
2. Die Vorbereitung auf die Rede und Ihre Zuhörer.
3. Der Rahmen, den Sie Ihrer Rede geben.
4. Ihre Darstellungsweise.
5. Die Rückkoppelung (Feedback) mit Zuhörern und Gesprächspartnern.
6. Die Ausstrahlung, die von Ihrer Rede und Person ausgeht.

Rauchquarz

Die Vorbereitung auf Ihre Rede

1. Beginnen Sie so früh wie möglich mit der Anlage und Vorbereitung.
2. Stellen Sie sich dabei gleichzeitig auf Redeziel und Zuhörer ein.
3. Es gibt zwei Redegattungen:
   a) die vorbereitete Rede
   b) die unvorbereitete Rede
   Aber auch die so genannte unvorbereitete Rede können Sie nur halten, wenn Sie die Grundregeln der Rhetorik beherrschen und prinzipiell vorbereitet sind.
4. Die beiden Redeseiten sind:
   a) Wort, Stoff, Inhalt = Ihre Ware
   b) Gestaltung, Ausführung, Vortrag = Ihre Verkaufstechnik
5. Wir unterscheiden folgende Redearten
   a) Gelegenheitsrede, z.B.: Unterhaltungs-, Feier-, oder Rahmenrede
   b) Instruktions- und Informationsrede über das Wie und Was Zweckrede(Meinungsrede);Überzeugungsrede, Begeisterungs- und Handlungsrede.

Redevorbereitung

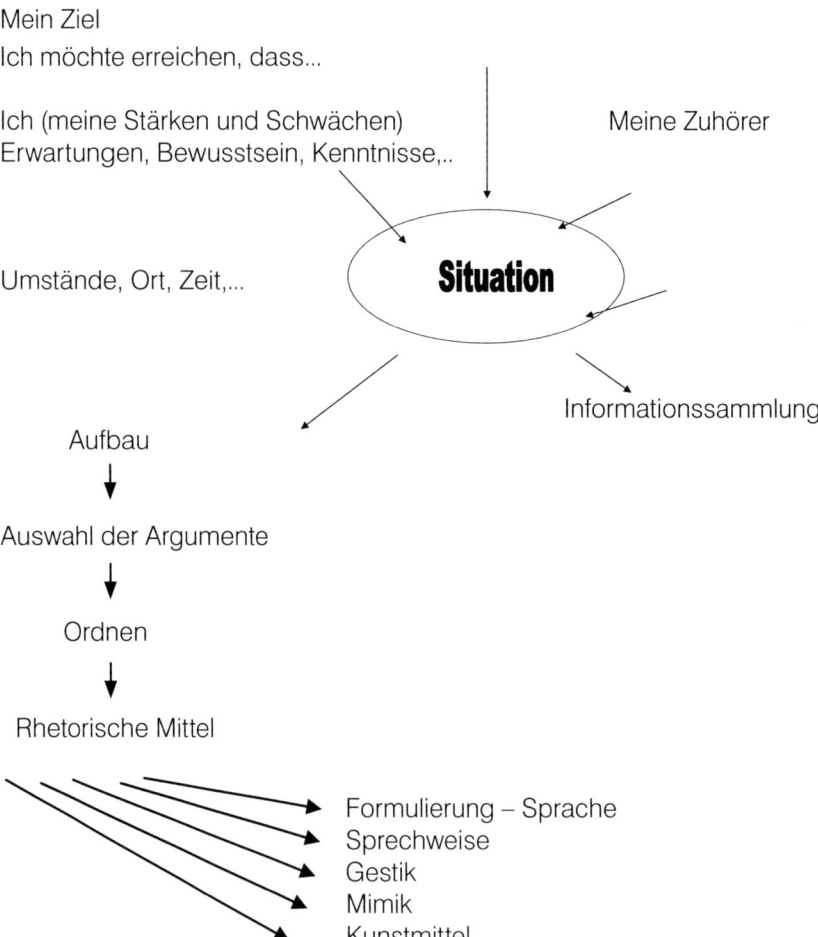

Mein Ziel
Ich möchte erreichen, dass...

Ich (meine Stärken und Schwächen)   Meine Zuhörer
Erwartungen, Bewusstsein, Kenntnisse,..

Umstände, Ort, Zeit,...   **Situation**

Informationssammlung

Aufbau

Auswahl der Argumente

Ordnen

Rhetorische Mittel

Formulierung – Sprache
Sprechweise
Gestik
Mimik
Kunstmittel

Die Analyse

1) *scharfe Erfassung des Themas*
   a) Weshalb wähle ich dieses Thema?
      Zweck, Ziel, Hauptgedanke, Leitmotiv Ihrer Rede.
   b) Worüber will (muss) ich sprechen?
      Erfassung, Abgrenzung, Deutung des Themas.
   c) Was soll erreicht werden: Information, Meinung oder Erlebnis?
   d) Ziel der Meinungsrede (Zweckrede) ist immer die in Worte
      geformte Tat oder tatbereite Gesinnung, die als Endziel
      vorschwebt.

2) *Informationsüberblick*
   Was weiß ich bereits? Welche Informationen fehlen mir für die
   Redeaufgabe?

3) *Zuhörerorientierung*
   a) Zu wem spreche ich?
      Einstellung, Kenntnisse, geistiges Niveau der Zuhörer.
   b) Abgrenzung der Interessensphäre des Zuhörers.
   c) Wie kann ich das Redeziel dem Zuhörer darbringen? Mit
      welchen Hilfen, in welcher Reihenfolge, mit welcher Taktik?

Die Stoffsammlung

Stoff suchen und finden – Suchprozess – Quantität

1) *Eigenstoff*
   a) Von langer Hand vorbereiten, laufende allgemeine, private Spezialsammlung (Ideenzettel, Karteien, Zeitungsausschnitte usw.)
   b) Notizbuch mit sich führen, laufendes Festhalten von Einfällen, Ideen und Ausdrücken.

2) *Fremdstoff*
   a) Handbücher, Spezialkataloge, Zeitschriften, Dokumentationen, Stichwortverzeichnisse.
   b) Kennsätze und Zitate in Kartei sammeln (Platz für Nachträge lassen) – Quellenangabe!

Die Meditation

1) *Abstand von Stoffsammlung gewinnen ("Gärungsprozess")*
Mit der Rede leben, aber schöpferische Pausen einlegen.

2) *Denkprozess zwischen Polen; Vorstellen der Zuhörerschaft;*
Hinarbeiten auf den Zwecksatz
   a) Wesentliches vom Unwesentlichen unterscheiden.
   b) Abwarten bis Kerngedanken und erste Gliederungsvorstellungen
   "sich herausschälen". Thematik durchdenken und durchfühlen

3) *Äußere Voraussetzungen*
   a) Gleichbleibender Arbeitsplatz, beste individuelle Arbeitszeit
   herausfinden.
   b) Umherwandeln, allein sein, oder: Rede mit Freunden
   durchsprechen und Meinungen einholen.

Amethyst

Die Gliederung Ihrer Rede

Stoff ordnen und zusammenstellen, Schichtungsprozess – Qualität
grundsätzlich 2 Bereiche
    a) anordnen auf Zwecksatz hin, Stoff sichten, gliedern
    b) aufbauen auf Hörerwirkung hin, abwägen, verstärken,
        zuspitzen

Gliederungsvorschlag 1
Empfehlung: erst Hauptteil, dann als natürlichen Höhepunkt den Schluss,
zuletzt den Anfang (Einleitung) erarbeiten.

1. Hauptteil

    a) IST – Darstellung:
        Schilderung der derzeitigen Zustände, gegebenenfalls der
        Entwicklung bis jetzt, Problemeinstieg induktiv (vom Einzelnen
        zum Allgemeingültigen hinführend)
    b) SOLL – Vorstellung:
        Wie müsste es sein, welches Ziel ist zu erreichen, steigernde
        Beweisführung.
    c) Durchführung:
        Praktische Vorschläge, wie herrschende Zustände geändert
        werden, wie Hindernisse überwunden werden
        (Einwandvorausnahme).

2. Schluss

Fordert zur Tat auf, den vom Redner gewiesenen Weg zu beschreiten oder zur "Tatgesinnung"; bringt einen Zwecksatz, ein Schlagwort, das klar ist und jeden Zweifel beseitigt.

3. Einleitung

a) Zuhörer auf Redethema einstimmen.
b) Warum spreche ich, was veranlasst mich dazu?

Gliederungsvorschlag 2
1. **Motivationsphase:**
    a) Hörerbeziehung, persönliche Ansprache
    b) Hinweis auf aktuelles Ereignis oder Problem, das ihn persönlich betrifft.
2. **Problemdarstellung**
    a) induktiver Problemeinstieg, ausgehend vom konkreten Beispiel
    b) rationale Argumente, Problem möglichst aus neuer Sicht, Neugier und Interesse dadurch wecken
3. **Wecken des Lösungsbedürfnisses**
    a) zuerst Pro – Argumente (schwach), dann Pro – Argumente (stark)
    b) Es können Fragen und Alternativen aufgezeigt werden.
4. **Lösungsstufe**
    Eine Lösung wird angeboten und als persönlich richtig erkannt und als beste aufgezeigt.
    Zum Abschluss ist die Anwendung dieser Lösung auf ein konkretes Beispiel zu geben.
5. **Aktion**

Textentwurf

1) Text

a) Stichwortartig erarbeiten, nur Kernsätze formulieren.
b) Erst "Pfeiler" (Kernsätze) erarbeiten, dann "Bögen" (Übergänge) finden.
c) Zitate und Zahlen auf Nebenzettel – stören sonst den Redeaufbau.
d) Beschränkung auf "wenige Gedanken" – die aber klar darzustellen sind. (Weniger ist mehr!)
e) Rede diktieren und abschreiben.
f) Rede ändern, verbessern und umbauen.
g) Rede neu schreiben.

2. Kontrolle

a) Rede einige Male trainieren und Zeit stoppen.
Hallwirkung in großen Räumen berücksichtigen.
b) Bei Überzeit Streichungen vornehmen, bei Unterzeit Ergänzungen einbauen.
c) Änderungen, die sich aus der "Gesamtschau" ergeben, vornehmen.
d) Sich nochmals in die Lage der Zuhörer und ihrer Interessensphäre versetzen.
e) Wichtige Reden vorher mit "Spiegeltest" üben, eventuell auch im kleinsten Kreis vor neutralem "Probierpublikum", Kritik verwerten.

3. Dispositionszettel

a) Je weniger Rednererfahrung und Übung Sie haben, desto mehr Stichworte benötigen Sie. Aber: kein Wort – für – Wort – Manuskript.
b) Einleitungs- und Abschlusssatz wörtlich fassen.
c) Hauptstichwörter im Manuskript mit Rotstift unterstreichen.

d) Hauptstichwörter auf Dispositionszettel bzw. ins endgültige Manuskript übernehmen.

e) Manche Redner haben gute Erfahrungen mit farbigen Karteikarten gemacht. Jede Karte enthält einen Gedanken, dazu treffendes Schlagwort und besondere Formulierungen. Aber: unbedingt nummerieren.

4. *Abschlussübungen*

a) Vortragsraum und Hörerschaft vorstellen (Ideal ist es, wenn Sie im leeren Saal laut üben können).

b) 3-4 Mal gesamte Rede an Hand des Dispositionszettels (Manuskript) laut üben.

c) Abstand gewinnen, nur Einleitung nochmals üben.

Die Ausführung Ihrer Rede

Allgemeines

1) Wenn sie reden, seien Sie der, der Sie sind. Inhalt und Sprache müssen Ihrem gewohnten Wortschatz, Ihrer Denkweise und Sprechart entsprechen. Hochdeutsch reden – sooft nötig – Dialekt, wenn möglich!

2) Erst wenn das Publikum merkt, dass Sie überzeugt sind, lässt es sich von Ihnen überzeugen. Ein Redner mit schlechter Technik, aber starker Überzeugung gewinnt gegen einen Redner mit guter Technik, aber schwacher Überzeugung.

3) Ihr Publikum besteht immer aus netten Menschen. Sie würden jeden Einzelnen furchtlos ansprechen. Weshalb nicht alle gemeinsam? Also legen Sie los, furchtlos.

4) Suchen Sie unter allen Umständen Kontakt mit Ihren Zuhörern. Das ist nur möglich, wenn Sie die Zuhörer ansehen.

5) Störungen sind naturgegebene Begleiterscheinungen bei vielen Versammlungen. Weshalb dadurch die Ruhe verlieren?

Auftreten und Haltung

1. Bereits beim Gang zum Rednerpult entsteht der sogenannte "Türschwelleneffekt". Erster Eindruck soll günstig sein. Dies ist erreichbar durch: dynamische, frische Ausstrahlung (ausgeschlafen sein), Erfrischung mit kaltem Wasser, korrekte, unauffällige Kleidung (Jackett schließen).

2. *Sicherheit ausstrahlen*
    a) ruhiges Gehen zum Pult
    b) Hörerkontakt aufnehmen und ruhig abwarten, bis Aufmerksamkeit gegeben ist.
    c) lauter anfangen (Lampenfieber!)

3. *Ruhig stehen*
    a) Mit beiden Beinen fest hinter dem Pult stehen.
    b) Keinesfalls mit einem Bein "spielen".
    c) Nicht wippen, schaukeln, tanzen, rhythmisch stampfen usw.

4. *Hände locker am Körper herunterhängen lassen*
    a) Keinesfalls am Pult festhalten oder gar aufstützen (Dreipunkthaltung).
    b) Nur der geübte Redner darf die Hände locker auf dem Pult auflegen. (ablegen!)
    c) Gezielt und sparsam die Wirkung der Rede mit Gestik unterstreichen.
    d) Hände nicht auf den Rücken, nicht verschränken, nicht vor dem Bauch falten, nicht in Hosentaschen. Nehmen Sie einen Kugelschreiber in eine Hand, es gibt der Hand ablenkende Beschäftigung. Aber: nicht "knipsen"!

5. *Stellen Sie sich dem Publikum*
    a) Vermeiden Sie Ausgleichbewegungen (Kopf senken, Zurückweichen, zusammengekrümmte Haltung)
    b) Blickkontakt und laufendes "Abtasten" (Rundblick)
    c) Kräftige, deutliche Sprache und Mut zur persönlichen und expressiven (ausdrücklichen) Aussage. Sprechen Sie mit Zuversicht, Betonung und Autorität.

6. *Vermeiden Sie Fehlerprojektionen*
    a) Kein unbewusstes Zugeben von persönlich empfundenen Schwächen oder Entschuldigungsgründen, mit denen Sie sich vor den Hörern scheinbar entlasten.
    b) Sondern wirken Sie menschlich durch "kalkulierten Fehler", durch den Sie einen Identifikationseffekt erreichen.

Citrin

Zur Atem- und Sprechtechnik

1. Technik
   a) vorne sprechen durch Flüstertechnik
   b) Halszone freihalten
   c) stärkste Belastung der Lippen, mäßige Belastung der Zunge, geringste Belastung des Unterkiefers
   d) Halsmuskulatur locker halten, Atmungsdruck von unten her durch Spannung der Bauchmuskeln verstärken
   e) Lautstärkensteigerung durch stärkere Konzentration auf das Zwerchfell und Zusammenziehen der Bauchmuskulatur

2. Atmung
   a) Tiefatmung befreit und macht sicherer. Luft streicht über den Atemweg reichlich und ungepresst gegen den Stimmapparat.
   b) Zwerchfellatmung.

3. Sprechen
   a) Zunge und Lippen leisten Hauptarbeit bei Artikulation. Training der Muskeln notwendig.

4. Betonungsregeln
   a) Hauptsilben leicht betonen, Nebensilben leicht abfallen lassen, aber nicht verschlucken.
   b) Ig im Silbenschluss oder vor Konsonanten; ich "Könich", "ruhich".

c) Jeder Satz nur einen Betonungsgipfel. Wesentliches in Sinnblöcken herausgreifen.

d) ei = ai z.B.: wait und brait

e) hartes t, kein d.

5. *Zusammenfassung*

a) Redner ist kein Sprecher oder Rezitator. Leicht Dialekt gefärbt – aber echt – ist besser als "bühnendeutsch".

b) Unabdingbar sind Deutlichkeit und gute Lautbildung.

c) Lautstärke, Betonung, Tempo, Klangfarbe müssen der jeweiligen Situation angepasst werden können.

Ihr Redestil

Allgemeines
1. Der richtige Redestil unterscheidet eine "Rede" von der "Schreibe"
2. Konzentrieren Sie sich auf das "Wie" der Aussage.
3. Die Wirkung kann gesteigert werden durch:
    Sachlichkeit, Klarheit, Glaubwürdigkeit, Anschaulichkeit,
    Spannung, Eindringlichkeit, Kommunikation.

1. Sachlichkeit
    a) Bedeutet enge Verbindung zwischen Inhalt und Form, genau
        auf das Redeziel zugeschnitten.
    b) Angemessenheit: das richtige Wort auf der "richtigen
        Sendewelle" für den jeweiligen Zuhörerkreis, dem Thema und
        Anlass angepasst, der Örtlichkeit entsprechend, zum
        günstigsten Zeitpunkt.
    c) Ausdruck muss den gesamten Redeumständen und dem
        aktuellen Geschmack des Zuhörerkreises entsprechen.
    d) Möglichst starke Anpassung an die natürliche Alltagssprache
        (kein Pathos).

2. *Klarheit*
   a) Ausdruck so, dass es unmöglich ist, den Redner nicht zu verstehen.
   b) Für den "letzten Zuhörer im Saal" muss volle Klarheit vor allem über das Redeziel herrschen (bei der "Schreibe", beim schriftlichen Text, kann beliebig oft gelesen und überdacht werden).
   c) Kurze Sätze erzeugen Klarheit. Kurzzeitspeicher des menschlichen Hirns kann nur 10 Sekunden auffassen.

3. *Glaubwürdigkeit*
   a) Zuhörer wollen nicht nur Informationen, sondern den Redner als Persönlichkeit "erleben".
   b) Glaubwürdig wirkt, wer überzeugt von seiner Sache und engagiert in dieser Sache ist.
   c) Nur der persönliche, ureigenste, gewachsene Stil ist glaubwürdig. Alles Fremde, Nachgeäffte, wirkt als lächerliche Maske.

4. *Anschaulichkeit*
   a) Abstraktes wird durch Vergleich, Beispiel, Kurzerzählung nähergebracht.
   b) Je niedriger das Bildungsniveau des Hörerkreises, desto anschaulicher muss die Rede sein.
   c) Besonders Zahlen sind durch Mengen- und Größenvorstellungen des spezifischen Zuhörerkreises anschaulich zu machen.
   d) Wir denken in Bildern, daher sind Bilder der Schlüssel zur Gefühlswelt der Zuhörer; Unbekanntes wird mit vorstellbaren Bildern anschaulich gemacht.

Aber:

Niemals mit Bildvergleichen etwas beweisen wollen. Schiefe Bilder zerstören die Wirkung (z.B.: "Er nimmt sein krankes Bein auf die leichte Schulter").

e) Erlebnisberichte, eingeflochtene Anekdoten "personifizieren Abstraktes" und werden dadurch anschaulich.

f) Jede gute Rede birgt Haltung und Dramatik. Das Ereignis wird in den Redesaal projiziert und dramatisiert durch "auftretende Personen", die Rede und Gegenrede führen.

5. *Eindringlichkeit*

a) Fortwährende Wiederholung erzielt Wirkung

1) wörtliche Wiederholung, z.B.: "Der Herr Anton möchte ein guter Redner werden, der Herr Bertram möchte ein guter Redner werden, wir alle wollen gute Redner werden.."

2) Wortverdopplung wirkt verstärkend, z.B.: "Keiner, keiner hat das Recht dazu.." oder "Keiner, aber auch keiner hat das Recht dazu.."

3) Variierte Wiederholung (besonders bei anspruchsvoller Hörerschaft) gleicher Inhalt in neuer Wortausgestaltung laufend wiederholen.

4) Teilwiederholung, Raffung und "Aufhänger", z.B.: "Ich werfe den Gegnern erstens vor,..., ich werfe ihnen zweitens vor.."

b) Bei der Verdeutlichung wird ein (vorbereiteter) ursprünglich gewählter Ausdruck zu schwach hingestellt, zurückgenommen, verbessert und verdeutlicht: z.B.: "Ich habe sie gebeten.., nein, ich habe sie nicht nur gebeten,..., ich habe es ihnen dringend ans Herz gelegt, ich habe sie aufgefordert."

c) Aufruf wendet sich in Zweckrede (Meinungsrede) eindringlich an Zuhörer und ist meist kurz und prägnant, z.B.: "Denken Sie daran!" oder "Das dürfen wir nicht dulden!"

Durch Zitate von Autoritäten, die dem Zuhörerkreis bekannt sind. Aber: Der gute Redner ist kein "Zitaterich".

6. *Spannung*

   a) Durch Gegensätze, Schwarz – Weiß – Malerei und Polarisieren der Probleme kann man einige Absichten deutlich profilieren. Folgende Begriffspaare sind u.a. anwendbar:

Vorteil – Nachteil	Wort – Tat
Schein – Wirklichkeit	Positiv – Negativ
Absicht – Ergebnis	Naturrecht – Gesetz
Theorie – Praxis	Wunschziel – Erreichbarkeit
Einzelner – Gemeinschaft	Sache – Mensch
Mehrheit – Minderheit	

   b) Durch den Vorhalt, einer immer deutlicher werdenden Andeutung einer Lösung und Begründung vor einer Aussage erzeugt man Spannung.
   c) Überraschung, durch unerwartete Wendungen und Aussagen.
   d) Pausen, vor und nach Kernsätzen zur Erhöhung der Aufmerksamkeit (eigene Pausen überschätzt man zeitlich im Verhältnis 3:1).

7. *Kommunikation*

a) Durch Einschub, eine nebenher gemachte Bemerkung, die den Zuhörer einbezieht und ein "wir – Verhältnis" begründet: z.B.: "Überlegen wir uns doch.." oder "aber lassen Sie uns doch einmal..".

b) Durch Einwandvorausnahme entkräftet der Redner nahe liegende Einwände und baut damit "Opposition" ab.

c) Mit der rhetorischen Frage versucht der Redner die stumme Bestätigung seiner Aussage zu erreichen.

d) Durch Lenkung von Aggressionen auf ein außerhalb des Hörerkreises liegendes Ziel kann man ein "künstliches Feindbild" aufbauen. Dadurch wird das Publikum vereint, Identifikation und Überlegenheitsgefühle werden erlebt.

e) Nonverbale (Nichtverbale) Kommunikation, wie Blickkontakt, Hörerorientierung, den Zuhörerkreis miteinschließende Gesten, Tempo und Lautstärkenwechsel, Lächeln und situationsangepasste Mimik sind die stärksten und laufend anzuwendenden Mittel, um das Publikum "in den Griff" zu bekommen.

Türkis

Pausen und Pausentechnik

Die meisten Menschen sprechen zu schnell. Das liegt oft am Zeitdruck, unter dem wir stehen. Die heutige Zeit – hektisch und tempobeladen – hat uns schon den Stempel aufgedrückt. Die meisten Redner machen zu wenig Pausen. Selbst geübte Redner bringen oft den Mut nicht auf, Pausen einzulegen und meinen, es müsse alles fließen. Eine wichtige Veränderung des Zeitmaßes beim Sprechen ist aber die Pause. Pausen müssen gezielt und dosiert sein. Sie müssen genau passen und überraschen. Sie müssen eine psychologische Wirkung haben. Die Voraussetzung dafür ist:

a) dass der richtige Zeitpunkt gewählt ist,

b) dass Sie den Partner nicht aus den Augen verlieren.

Folgende Pausenarten gibt es:

1. *Entspannungs- und Atempausen*
   Damit Sie atmen, sich erholen und entspannen können. Die Zeitpunkte dafür: nach einem Punkt, nach einem Abschnitt

2. *Kontroll- und Konzentrationspausen*
   Bei längeren Redestrecken stehen Sie in der Gefahr, die Übersicht über das Gesagte und das Zeitgefühl zu verlieren. Ein Rückdenkprozess, eine Konzentration auf das Gesagte, Gegenwärtige und noch zu Sagende ist erforderlich. Die Zeitpunkte dafür: ebenfalls nach einem Punkt und nach einem Absatz oder Abschnitt.

3. *Suggestiv – Pausen*
Bei Diskussionen bzw. Reden mit der Möglichkeit der
Fragestellung. Wenn Sie zu lange oder zu viel gesprochen haben,
ist es fast logisch, dass der andere oder die anderen auch etwas
sagen wollen oder müssen. Unterbrechen Sie kurz und machen
Sie eine Pause mit suggestivem Augenkontakt. Dieser wird in der
Regel schon als Aufforderung oder Herausforderung empfunden,
etwas zu sagen. Die Zeitpunkte: nach einem Satz oder Abschnitt.

4. *Dramaturgische Pausen*
Damit wollen Sie einen dramaturgischen Effekt erzielen, kitzeln,
Spannung erzeugen. Oder Sie wollen auf einen Höhepunkt
vorbereiten. Höhepunkte dürfen nicht in der Monotonie untergehen.
Machen Sie etwas aus ihnen. Die stimmliche Wirkungssteigerung ist
dabei eine gute Hilfe. Die Zeitpunkte für den Einsatz: unmittelbar vor
einem Höhepunkt oder vor einer sensationellen Erklärung oder vor
einem bestimmten und entscheidenden Vorteil.

5. *Wirkungspause*
Höhepunkte, besondere Vorteile und Sensationen verschwinden
fast oder gehen unter, wenn Sie sofort weitersprechen. Die
Wirkungspause wertet Höhepunkte auf. Die Zeitpunkte: nach
einem Höhepunkt oder einer sensationellen Erklärung oder einem
entscheidendem Vorteil.

6. *Disziplinarische Pausen*
Der Redner steht vor seinem Publikum, die Zuhörer sind noch
unruhig, reden miteinander, machen Lärm. Ein guter Redner
verkauft sich nicht unter seinem Wert. Er macht in diesem Fall eine
"disziplinarische Pause" und wartet mit suggestivem Augenkontakt
so lange, bis alles ruhig und aufnahmebereit ist.

7. *Zusammenfassung der wichtigsten Vorteile, wenn Sie Pausen einlegen*
    a) Aufmerksamkeitserregung
    b) Dramaturgische Effekte
    c) Erzeugung von Spannung
    d) Erhöhung der Sicherheit
    e) Regeneration der Konzentration
    f) Wirkungssteigerung
    g) Abwehrmittel gegen Vielrederei
    h) Auflockerung – Mittel gegen Monotonie
    i) Verstärkung der Atmung

Einleitung und Schluss

1. Einleitung

Zielsetzung

1) "Der erste Eindruck ist der beste Eindruck"
2) "Hörerfang" und Einstimmung der Zuhörer auf das Thema
   Kontaktaufnahme und Aufmerksamkeit.
3) Schaffung einer "Denkgemeinschaft" von Hörer und Redner.

Verbote für den Redeanfang

1) Keine Entschuldigung aussprechen (z.B.: dass Sie ein
   schlechter Redner sind).
2) Kein fishing for compliments
3) Keinen "negativen" Anfang wählen.
4) Nie zu weit vor dem Anfang des Themas bei den "alten
   Griechen" beginnen.
5) Keine Selbstverständlichkeiten bringen.
6) Keine Themenwiederholung
7) Keine lange Begrüßung der Gäste oder Teilnehmer usw.

Gute Redeanfänge sind

1) Inhaltsdeutung durch mehrere rhetorische Fragen (jedoch nicht mehr als 3).
2) Schockauslösende Feststellung
3) Witz, Anekdote, Fabel, Zitat nennen.
   "Den Zuhörer lustig machen, dass sie gern mit Willen hernach hören, was gepredigt wird". (Martin Luther)
4) Aktuelles Geschehnis.
5) Persönliche Bemerkung von der Fahrt zum Redeort.
6) "Stellen Sie sich vor.."
7) These und Antithese aufstellen (Vortrag bringt dann die Synthese).
8) Zuhörer zu eigener Tätigkeit veranlassen. ("Bitte schreiben Sie mal mit..")
9) Lockendes Ziel an den Anfang stellen.
10) Gespräch mit einem Dritten beginnen.

Citrin

Friktionen (Reibungen) während der Rede

Allgemeines

1) Die Redehemmung beruht zumeist auf einem Mangel an Selbstvertrauen. Der Redner hat Angst, ohnmächtig der Überzahl preisgegeben zu sein. Folge: seelische Verkrampfung und nervliches Versagen.
2) Redehemmungen sind natürlich und ein ganz normales Durchgangsstadium für den Anfänger. Lampenfieberkurve sinkt langsam aber stetig, je mehr Sie in der Redepraxis stehen.
3) Eine gewisse Spannung, eine Sprachspannung, ist aber für eine lebendige Sprechweise unbedingt notwendig

Wie überwinden sie Lampenfieber

1) Die Ich – Bezogenheit und Selbstbeobachtung ausschalten. Nicht an sich denken, sondern an die Sache.
2) So gründlich wie nur möglich auf die Rede vorbereiten. Dabei Stichworte so treffend gegliedert aufbauen, dass ein Versagen unmöglich ist. Gutes Manuskript!
3) Bei der Redeprobe ganz in die Situation des Ernstfalles versetzen.

4) Entspannen vor Redebeginn. Etwas ganz anderes tun. Ein bisschen Müßiggang oder eine erholsame Beschäftigung ist angebracht. Wenig essen. Spazieren gehen.
5) Rückkoppelung mit Zuhörern suchen: Aktivität, Kontakt mit Zuhörern, Stimme, Blick, kürzester Abstand, Beteiligung.
6) Körperlich vom Rednerpult freimachen.
7) Pausen machen. Langsame, tiefe Atemzüge vor Beginn üben einen beruhigenden Einfluss aus. Während der Rede tief einatmen.
8) "Sicher" spielen
9) Selbstsuggestion: "Ich werde von Tag zu Tag in meinem rednerischen Auftreten ruhiger, freier, besser."

Hemmungen während der Rede
(im Vortrag stecken bleiben)

1) Leerlaufreden
2) Wiederholen Sie mit anderen Worten, was Sie zuletzt gesagt haben. (Klaviervirtuose) Fassen Sie den ganzen Abschnitt nochmals zusammen.
3) Das Versäumte später einflechten: "Übrigens fällt mir ein.." oder "Hier möchte ich noch einfügen.."
4) Negativ Eingestellte nicht anschauen. Gute Freunde in die vorderen Reihen setzen und ansehen.
5) Überbrückungsfloskeln:
    a) Meine Damen und Herren, da fällt mit hierzu gerade noch ein.
    b) Ich denke gerade darüber nach, wie man diesen Gedanken anders formulieren kann.
    c) Ja, es ist schwierig auszudrücken, ich will es noch einmal versuchen.

Zwischenrufe

- Überhören wenn
  Zwischenruf belanglos oder unsinnig

- Schlagfertig mit Mutterwitz antworten
  (beste Abwehr, der Hieb)

- Zunächst übergehen und später an passender Stelle
  gezielt antworten
  Bitte haben Sie Geduld. Ihr Einwand kommt zu früh!

- Auf anschließende Diskussion verweisen

- Keine Privatdiskussion

- Weder schulmeistern, noch diktatorisch agieren

Redeabschluss

Zielsetzung
1) "Der letzte Eindruck ist der bleibende Eindruck!"
2) Erfolgssicherung der Rede; Kerngedanken zusammenfassen.

Verbote für den Redeabschluss
1) Nie den Zuhörern für das Zuhören danken.
2) Keine Ankündigung des Schlusses.
3) Kein Aus- und Abklingen der Rede.
4) Nicht zu lang, Redner muss guten Abgang haben.
5) Nie: Ich hoffe, dass ich …

Gute Redeabschlüsse sind
1) Zusammenfassung
2) der wichtigsten Punkte (möglichst nicht mehr als 3!) und Herausstellen der Nutzanwendung.
3) Mit einem Aufruf (Appell) enden.
4) Mit einem Ausblick enden (gestern – heute – morgen).
5) Höhepunkt, Steigerung zum Schluss

Ratschläge für einen schlechten Redner
von Kurt Tucholsky

Fange nie mit dem Anfang an, sondern immer drei Meilen vor dem Anfang! Etwa so: "Meine Damen und Herren. Bevor ich zum Thema des heutigen Abends komme, lassen Sie mich Ihnen kurz..."

Hier hast Du schon alles, was einen schönen Anfang ausmacht: eine steife Anrede; einen Anfang vor dem Anfang; die Ankündigung, dass und was du zu sprechen beabsichtigst und das Wörtchen kurz. So gewinnst Du im Nu die Herzen und die Ohren der Zuhörer.

Denn das hat der Zuhörer gern: dass er Deine Rede wie ein schweres Schulpensum aufbekommt; dass Du dem drohst, was Du sagen wirst, sagst und schon gesagt hast. Immer schön umständlich.

Sprich nie frei – das macht einen so unruhigen Eindruck.

Am besten ist dies: Du liest Deine Rede ab. Das ist sicher, zuverlässig, auch freut es jedermann, wenn der lesende Redner nach jedem viertel Satz misstrauisch hochblickt, ob auch noch alle da sind.

Wenn Du gar nicht hören kannst, was man Dir freundlich rät, und willst durchaus und durchum frei sprechen... Du Laie! Du lächerlicher Cicero! Nimm dir doch ein Beispiel an unseren professionellen Rednern, an den Reichstagsabgeordneten – hast Du die schon einmal frei sprechen hören? Die schreiben sich sicherlich zu Hause auf, wann sie "Hört! Hört!" rufen. Ja, also wenn Du frei sprechen mußt: Sprich, wie Du schreibst. Und ich weiß, wie Du schreibst.

Sprich mit langen, langen Sätzen – solchen, bei denen Du, der Du Dich zu Hause, wo Du ja Ruhe, deren Du so sehr benötigst, Deiner Kinder ungeachtet, hast vorbereitet, genau weißt, wie das Ende ist, die Nebensätze schön in einander geschachtelt, so daß der Hörer, ungeduldig auf seinem Sitz hin und her träumend, sich in einem Kolleg wähnend, in dem er früher so gern geschlummert hat, auf das Ende solcher Perioden wartet...nun, ich habe Dir eben ein Beispiel gegeben. So mußt Du sprechen.

Fang immer mit den alten Römern an und gib stets wovon Du auch sprichst, die geschichtlichen Hintergründe der Sache. Das ist nicht nur deutsch – das tun auch alle Brillenmenschen. Ich habe einmal in der Sorbonne einen chinesischen Studenten sprechen hören, der sprach glatt und gut französisch, aber er begann zu allgemeiner Freude so: "Lassen Sie mich Ihnen in aller Kürze die Entwicklungsgeschichte meiner chinesischen Heimat seit dem Jahre 2000 vor Christi Geburt..." Er blickte ganz erstaunt auf, weil die Leute so lachten.

So mußt Du das auch machen. Du hast ganz recht: man versteht es ja sonst nicht, wer kann denn alles das verstehen, ohne geschichtliche Hintergründe...sehr richtig! Die Leute sind doch nicht in Deinen Vortrag gekommen, um lebendiges Leben zu hören, sondern das, was sie auch in Büchern nachschlagen können...sehr richtig! Immer gib ihm Historie, immer gib ihm.

Kümmere Dich nicht darum, ob die Wellen, die von Dir ins Publikum laufen, auch zurückkommen – das sind Kinkerlitzchen. Sprich unbekümmert um die Wirkung, um die Leute, um die Luft im Saale; immer sprich mein Guter. Gott wird es Dir lohnen.

Du mußt alles in die Nebensätze legen. Sag nie: "Die Steuern sind zu hoch." Das ist zu einfach. Sag: "Ich möchte zu dem, was ich eben gesagt habe, noch kurz bemerken, daß mir die Steuern bei weitem..." so heißt das.

Trink den Leuten ab und zu ein Glas Wasser vor – man sieht das gern. Wenn Du einen Witz machst, lach vorher, damit man weiß, wo die Pointe ist.

Eine Rede ist, wie könnte es anders sein, ein Monolog. Weil doch nur einer spricht. Du brauchst auch nach vierzehn Jahren öffentlicher Rederei noch nicht wissen, daß die Rede nicht nur ein Dialog, sondern ein Orchesterstück ist: eine stumme Masse spricht nämlich ununterbrochen mit. Und das mußt Du hören. Nein, das brauchst Du nicht zu hören. Sprich nur, lies nur, donnere nur, geschichtele nur.

Zu dem, was ich soeben über die Technik der Rede gesagt habe, möchte ich noch kurz bemerken, daß viel Statistik eine Rede immer sehr belebt. Das beruhigt andererseits ungemein, und da jeder imstande ist, zehn verschiedene Zahlen mühelos zu behalten, so macht das viel Spaß.

Kündige den Schluß Deiner Rede schon lange vorher an, damit alle Hörer vor Freude nicht einen Schlaganfall bekommen. (Paul Lindau hat einmal einen dieser gefürchteten Hochzeitstoaste so angefangen: "Ich komme zum Schluß"). Kündige den Schluß an, und dann beginne Deine Rede von vorne und rede noch eine halbe Stunde. Dies kann man mehrere Male wiederholen.

Du mußt nicht nur eine Disposition machen. Du mußt sie den Leuten auch vortragen – das würzt die Rede. Sprich nie unter anderthalb Stunden, sonst lohnt es sich erst gar nicht anzufangen.

Wenn einer spricht, müssen alle anderen zuhören – das ist eine Gelegenheit! Mißbrauche sie.

Chrysokoll

Spielregeln für Konferenzteilnehmer

Sprechen Sie Ihre Meinung offen aus. Die Konferenz ist eine Gemeinschaftsarbeit. Die Teilnehmer sind auf die vorhandenen Erfahrungen, also auch auf Ihre, angewiesen. Sagen Sie offen, was Sie denken.

Hören Sie aufmerksam auf das, was die anderen zu sagen haben. Versuchen Sie deren Standpunkt zu verstehen und ihm gerecht zu werden. Sie mögen auf diese Weise sowohl eine Bestätigung Ihrer eigenen Meinung, als auch weitere Anregungen bekommen.

Niemand erwartet von Ihnen eine formvollendete Rede. Sprechen Sie zwanglos. Sollten Sie die Problemstellung nicht recht verstanden haben, dann sagen Sie das – vielleicht sind Sie nicht der einzige. Scheuen Sie sich nie, Fragen zu stellen.

Nehmen Sie eventuelle Meinungsverschiedenheiten freundlich auf. Wenn Sie mit der Meinung der anderen nicht übereinstimmen, sagen Sie es, und auch warum. Aber bleiben Sie freundlich dabei, denn es bemühen sich alle um die richtige Antwort. Man kann ernste Probleme auch in guter Laune besprechen.

Sprechen Sie bitte möglichst kurz. Geben Sie auch den anderen eine Gelegenheit Stellung zu nehmen. Spüren Sie die wirklich wichtigen Dinge auf.

Notieren Sie sich Fragen oder Schwierigkeiten, die Ihnen im Zusammenhang mit dem zu besprechenden Stoff einfallen und bringen Sie diese vor. Die ideale Diskussion ist ein Rundgespräch unter allen Anwesenden und nicht ein Zwiegespräch zwischen bestimmten Teilnehmern und dem Konferenzleiter.

1. „Wenn du einen Menschen für eine Sache gewinnen willst", sagte Abraham Lincoln, „dann überzeuge ihn zuerst davon, dass du sein ehrlicher Freund bist."

2. Wenn du überall gerne gesehen sein willst, dann begegne jedermann mit einem freundlichen, ehrlichen, von innen kommenden Lächeln.

3. Namen und Gesichter werden leichter in deinem Gedächtnis haften, wenn du dich an folgende drei Punkte erinnerst:
   a) Beobachte gut! Präge dir Namen und Gesicht eines Menschen ein.
   b) Wiederhole den Namen in kurzen Abständen mehrmals.
   c) Bringe den Namen mit irgendeinem bildhaften Eindruck in Verbindung und beziehe wenn möglich auch den Beruf mit ein.

4. Sei kurz! Ein Verkäufer kann nicht zu viel *wissen*, aber er kann zu viel *reden*. Der Vizepräsident der General Electric, Harry Erlicher, ist mit anderen Großeinkäufern der Ansicht, dass der größte Fehler eines Verkäufers darin liegt, wenn er zu viel spricht.

Manuskript

Thema

Vom 1. bis zum 3. Satz wörtlich schreiben

Stichwörter

Persönliches Erlebnis

Beispiele

Witze, wenn angebracht und zum Thema passend

Letzten, ca. 3 bis 5 Sätze wieder wörtlich schreiben

Amethyst

Gestalten Sie bitte folgenden Übungstext in eine verbesserte Form mit *kurzen Sätzen* um:

Wenn wir davon ausgehen, dass die Redekunst erlernbar und für fast jeden Menschen praktizierbar ist, so müssen wir uns natürlich fragen, welche Möglichkeiten zur Übung und Weiterbildung es für den ungeübten Redner gibt, der nicht die Gelegenheit hat, sich durch tägliche Gespräche und Vorträge Routine und Selbstvertrauen zu erobern. Wir sind uns doch sicher darüber einig, dass es vor allem gilt, auch diesen Menschen zu helfen, weil sonst die Gefahr besteht, dass sie sich auch dann, wenn ihnen wirklich einmal die Gelegenheit zu einer freien Rede geboten wird, um diese Möglichkeit herumdrücken und auf diese Weise niemals den Ansatz zu einer rednerischen Entfaltung erfahren. Wir hoffen nun, dass derjenige Hörer, der durch intensive Beschäftigung mit allen Problemen, die sich um die Materie des Redens ranken, schon ein wenig Selbstvertrauen bekommen hat, auch Lust hat, sein solchermaßen angeeignetes Wissen auch einmal in die Praxis umzusetzen.

Verbesserte Form des Übungstextes (Vorschlag):

Wir wollen davon ausgehen: Redekunst ist erlernbar und für fast jeden Menschen praktizierbar!

Dann müssen wir uns aber fragen: Welche Möglichkeiten hat der ungeübte Redner zur Übung und Weiterbildung?

Nicht jeder kann sich durch tägliche Gespräche und Vorträge Routine und Selbstvertrauen erobern.

Wir sind uns sicher einig: Auch diesen Menschen müssen wir helfen! Denn sonst besteht leider folgende Gefahr: Der ungeübte Redner wird sich auch dann drücken, wenn er einmal eine Gelegenheit zur freien Rede geboten bekommt. So aber erhält er nie den Ansatz zu einer rednerischen Entfaltung.

Wir hoffen nun: Wer sich intensiv mit den Problemen der freien Rede beschäftigt, der bekommt schon ein wenig Selbstvertrauen. Und er hat dann sicher Lust, dieses Wissen einmal in die Praxis umzusetzen.

Verschiedene Rednertypen

1. Intellektuelle Redner: argumentiert sachlich und Sachbezogen ohne rhetorische Gags
2. Dialektischer Redner: argumentiert emotionell, fast nur rhetorische Gags, fast keine Aussage
3. Demagoge: Mischung aus intellektuellen und dialektischem Redner

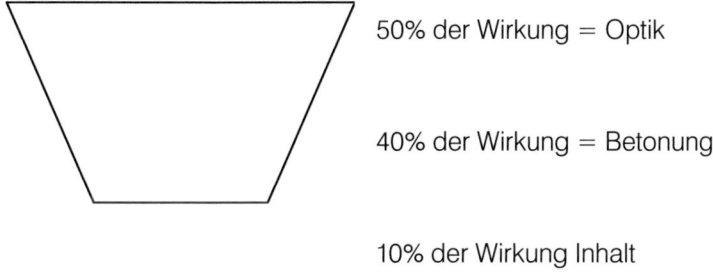

50% der Wirkung = Optik

40% der Wirkung = Betonung

10% der Wirkung Inhalt

Die Jugend kennzeichnet nicht einen Lebensabschnitt, sondern eine Geisteshaltung; sie ist Ausdruck des Willens, der Vorstellungskraft und der Gefühlsintensität. Sie bedeutet Sieg des Mutes über die Mutlosigkeit, Sieg der Abenteuerlust über den Hang zur Bequemlichkeit.

Man wird nicht alt, weil man eine gewisse Anzahl Jahre gelebt hat: Man wird alt, wenn man seine Ideale aufgibt. Die Jahre zeichnen zwar die Haut – Ideale aufgeben aber zeichnet die Seele. Vorurteile, Zweifel, Befürchtungen und Hoffnungslosigkeit sind Feinde, die uns nach und nach zur Erde niederdrücken und uns vor dem Tod zu Staub werden lassen.

Jung ist wer noch staunen und sich begeistern kann. Wer noch wie ein unersättliches Kind fragt: Und dann? Wer die Ereignisse herausfordert und sich freut am Spiel des Lebens.

Ihr seid so jung wie euer Glaube. So alt wie eure Zweifel. So jung wie euer Selbstvertrauen. So jung wie eure Hoffnung. So alt wie eure Niedergeschlagenheit.

Ihr werdet jung bleiben, solange ihr aufnahmebereit bleibt: empfänglich fürs Schöne, Gute und Große; empfänglich für die Botschaften der Natur, der Mitmenschen, des Unfasslichen. Sollte eines Tages euer Herz geätzt werden von Pessimismus, zernagt von Zynismus, dann möge Gott Erbarmen haben mit eurer Seele – der Seele eines Greises.

Marc Aurel

Achat

Verräterische Wortwahl

Wer während einer Verhandlung plötzlich übergeht, Fremdwörter oder Redensarten zu verwenden, will seine wahren Absichten verbergen. Mit Fremdwörtern kann über den Gesprächspartner eine Vormachtstellung angestrebt werden.

Mit der nonverbalen Sprache hinter der verbalen hat sich die Verhaltensforschung intensiv beschäftigt.

Wer etwa „sicher" sagt, möchte oft nur seine eigenen Zweifel überspielen.

„Nicht wahr?" am Ende von Aussagen sucht nach Selbstbestätigung.

„Gewissermaßen" signalisiert Unsicherheit.

Aus „auf jeden Fall" tönt aggressive Selbstbehauptung aus verdeckter Unsicherheit.

„Ich will grundsätzlich sagen.." verrät extreme Überheblichkeit.

Aus „unmöglich" ist Empörung herauszuhören, während das kurze „Nein" gefühlsneutral ist.

„Ja", „genau", „richtig", „so war es", „das trifft zu" usw. sind deutlich verschiedene Grade der Bestätigung, was rechtzeitig zu erkennen wichtig sein kann.

Füllwörter wie „äh", „mmh", „aha" usw. verraten Unsicherheit des Betreffenden.

Versprecher und verschluckte Wortwendungen signalisieren Nervosität und Befangenheit.

Auslassen von ganzen Wörtern und Wortteilen, Satzwechsel, abruptes Abbrechen mitten im Satz oder das Einfügen unverständlicher Worte signalisieren, dass der Betreffende im Stress innerer Konflikte steht.

Hört man Worte „echt" und „ehrlich", dann will der Betreffende seine Aussage verbergen, was einer Tarnung gleichkommt.

Nicht nur Tarnung, sondern eine Unterdrückung im Voraus von eventuell befürchteten Einwendungen und Gegenmeinungen verraten Redewendungen wie: „wissenschaftliche Untersuchungen haben ergeben, dass..", „die Zielsetzung dieser EDV-Einführung war eine andere..", „wie doch allgemein bekannt ist..", „in der EDV-Branche ist es faktisch so, dass..", „dafür war ich nicht zuständig..", „ich weiß aus vieljähriger Erfahrung, dass..".

Gegenteiliges Verhalten, nämlich starke Selbstbehauptung liegt hingegen vor, wenn nicht an das Satzende nachgestellt, sondern an den Satzanfang vorangestellt wird: „Ich will prinzipiell festhalten, dass..".

„Ganz wie sie meinen.." sagt jemand, der auf Beschwichtigung aus ist. Nicht auf Beschwichtigung, sondern auf verbal-kaschieren ist man dann aus, wenn man Modewörter verwendet.

„..ist in den Bereich des Unmöglichen zu verweisen" ist ein Musterbeispiel für die sogenannten kunstvollen Umschreibungen. Sie signalisieren, dass man sich Korrekturen vorbehält.

Von jemand, der sich mehr in Verben („wir stellen her..") ausdrückt, kann eher Initiative, Wendigkeit, Anpassungsfähigkeit und Kompromissbereitschaft erwartet werden als von jemanden, der vorwiegend Substantive („die Herstellung von..") wählt.

Wer häufiger Fragewörter verwendet, lässt erkennen, dass er anführen und dominieren möchte.

Fühlt sich der Betreffende in seiner Position bereits stärker, dann beginnt er zerstörende Redensarten zu verwenden: „Sie in Ihrer Position können doch gar nicht..", „wie wir doch alle seit ..wissen..", „Expertenuntersuchungen haben aber nachgewiesen, dass..", „im vorliegenden Fall ist die Situation ganz anders..".

Sehr aufschlussreich sind auch die Wichtigkeitswörter, auf die man achten sollte, ab wann und im Zusammenhang womit sie eingesetzt werden. Das nachgeschobene Wort „übrigens", „nebenbei bemerkt", „apropos" ist eine Tarnung für eine wichtige Priorität.

„Wie Sie bestimmt wissen..", „wie Sie selbst in Ihrer vieljährigen Erfahrung beobachtet haben.." sind in Wirklichkeit kein Kompliment, sondern sollen dem anderen das eingeben, was man selbst für besonders wichtig hält.

Besondere Vorsichtigkeit empfiehlt sich dann´, wenn der Kontrahent Redewendungen verwendet wie: „haben Sie auch die Erfahrung gemacht, dass..?", „haben Sie etwas dagegen, wenn..?". Diese in Höflichkeit verkleideten Formulierungen sind starke Wichtigkeitswörter, weil sie in Wirklichkeit dem anderen – egal was immer er antwortet – irreversibel festlegen: Sie kreisen ein und verraten sein besonders starkes Interesse des Kontrahenten.

Letzteres ist auch erkennbar, wenn der Betreffende langsam und deutlich spricht.

Überwiegen im Satz Eigenschaftswörter und besonders Zeitwörter, ist also der Satzbau sogenannt „dynamisch", dann denkt der Sprechende an Entgegenkommen und an Kulanz: er will sich anpassen.

Die Wahl von Plus- oder Minuswörtern sagt etwas über die zentrale Haupteinstellung des Gesprächpartners aus.

„Schwierigkeit" ist ein Minuswort. Nennt man dasselbe „Bewährungsprobe", dann hat man was positives ausgedrückt.

Wenn jemand beginnt bevorzugt in der dritten Person zu sprechen („man kam nicht umhin zu analysieren.." statt: „ich analysiere..") oder die Sätze zu verkürzen, dann können diese Ausdrucksformen auf Unwahrheiten hindeuten.

Diese Beispiele zeigen, dass es sich lohnt hellhörig zu sein. Denn wie etwas ausgedrückt wird kann mehr aussagen, als das tatsächlich Ausgesprochene.

Dr. Robert K. Hytha

Citrin

Optik

Haltung
Blickkontakt
Gestik
Mimik
Stimme
Vorbereitung

Informationsfilter

Vorurteil
Interesse
Glaubwürdigkeit
Optik

Bergkristall

Vorbereitung einer Aussage

- Inhalt und Wissensaneignung, Zielfixierung

- Ordnen des Wissens für die Aussage

- Fixieren des zeitlichen Ablaufs

- Aufbau der Argumentation

- Analyse der Gegenargumente

- Einleitung und Schluss gestalten

Disthen (Cianith)

Name: _____

Kurs: _____

gut   verbesserungsbedürftig

Darstellung (Wie)
Grundhaltung
Mimik
Gestik
Sprechtempo
Melodie
Deutlichkeit
Blickkontakt

Inhalt (Was)
Konzeptabhängigkeit
Einstieg
Aufbau
Roter Faden > Ziel
Schluss
Zeit

Persönlichkeit (Wer)
Zuhörerorientierung
Identifikation
Überzeugungskraft
Glaubwürdigkeit
Natürlichkeit
Temperament

10 Tricks zur Erlangung von Sicherheit bei Reden

1. Vorbereitung
Themen und Ideen zeitgerecht sammeln (= schwanger gehen)
Den Anfang und Schlussteil auswendig lernen

2. Grundhaltung
Sicheren, gut ausbalancierten Stand einnehmen
!!! korrekte Kleidung !!!

3. Blickkontakt
Den Augenkontakt mit den Zuhörern suchen.
Der Zuhörer soll sich persönlich angesprochen fühlen.
(Blick rundum gehen lassen; Zuseher = „Krautacker")
!!! Gestik hauptsächlich zwischen Nabel und Brust !!!

4. Gestik
Handbewegungen machen den Vortrag lebendig.
Drei Ebenen: nach oben – bejahend
           in der Mitte – wir alle, unterstreichen
           nach unten – verneinend

5. Mimik
Mimik emotionalisiert – Salz in der Suppe, Mienenspiel, Gesichtsausruck

6. Stimmführung
Dynamisch, Lautstärke variieren, Pausentechnik,
Heben und Senken der Stimme
Kein „äh,äh" oder „und, also"
!!! Sprachschatz ausnützen !!!

7. Beginn
Mit einem Aufhänger beginnen.
Nie mit einer Entschuldigung beginnen !!!

8. Sprech-Denken
Sprechen = zum Laut gewordenes Denken
Fähigkeit ein oder zwei (oder mehrere) Sätze vorauszudenken
(ähnlich dem Vorauslesen)

9. Konzept
drei Arten des Konzepts
    1. Peppi Onkel Brief
    2. Netz
    3. Freie Rede
Zettel sollte möglichst kleines Format haben (höchstens A-5)

10. Konzentration
Sich nicht aus der Ruhe bringen lassen.
An die Sache denken.
!!! Achtung vor Zwischenrufen !!!

Vor der Rede einmal tief durchatmen.
Das beruhigt und drängt Befangenheit zurück.
ÜBEN ÜBEN ÜBEN ÜBEN ÜBEN ÜBEN ÜBEN ÜBEN ÜBEN ÜBEN ÜBEN
ÜBEN
Vor Freunden, alleine zu Hause vor dem Spiegel, mit einem Tonband,...
REDEN IST ERLERNBAR!

Amethyst

Bestandteile eines rednerischen Stils

✓   Klarheit und Anschaulichkeit

✓   Logische Verkettung der Gedanken

✓   Bestimmtheit im Ausdruck

✓   Reinheit und Richtigkeit der Sprache

✓   Kurzer Satzbau

✓   Kernhafte Präzision/ Genauigkeit

✓   Gefälligen und anziehenden Stil

✓   Wohlklang der Sprache

Tritt fest auf!
Mach's Maul auf!
Hör bald auf!

Martin Luther

Aktion

Schließlich wird davon gesprochen, wie die herrschenden Zustände geändert werden können, also die Aktion.

Ziel ist und bleibt es, ein positives Beziehungsverhältnis zu den Zuhörern zu erreichen. Eine wichtige Hilfe ist dabei das Erzählen persönlicher Erlebnisse oder das Zitieren eines Gespräches mit einem Bekannten, einem Fachmann, einer Hausfrau, einem Familienvater. Grundsätzlich schafft jede Mitteilung eines persönlichen Erlebnisses Kontakt. Wenn ein persönliches Erlebnis erzählt wird, kommt es viel eher zum unausgesprochenen Zustimmungseffekt: „Genauso ist es! Ja, das habe ich auch so erlebt, das kenne ich!"

Muster

Aufbau	Ziel	Mittel
1. Motivation	Beziehung zwischen Zuhörer und Redner	Zustimmung, Situation, Aktualität, Gemeinsamkeit
2. Problemstellung	Beziehung zwischen Zuhörer und Thema	Problem aus der Sicht des Zuhörers
3. Ungeeignete Lösung Gegenargument	„Selbständiger Gedankengang"	zweiseitige Argumentation
4. Widerlegung	Immunisierung	noch etwas Gutes daran lassen
5. Eigene Lösung und Lösungsverstärkung	Identifikation mit dieser Lösung	für den Zuhörer als besser hinstellen, in der Praxis anwenden
6. Schlusssatz: wörtlich		

Wir haben von der Motivation des Zuhörers gesprochen, also des Herstellens der Beziehung zwischen Zuhörer und Redner. Es folgt die Problemstellung, die Schilderung, wie sich das Problem aus der Sicht des Zuhörers zeigt. Nun kommt die ungeeignete Lösung, das Gegenargument, das zum selbständigen Gedankengang zwingen soll. Das Mittel dazu ist die zweiseitige Argumentation. Es folgt nun die Widerlegung mit dem Ziel, den Zuhörer zu immunisieren. Schließlich folgt die eigene Lösung und die Lösungsverstärkung mit dem Ziel der Identifikation mit der Lösung.

90 % aller Wissenschaftler, die es je gab, leben in der Gegenwart.
Entdeckungen:
jede Minute eine neue chemische Formel
alle 3 Minuten ein neuer physikalischer Zusammenhang
alle 5 Minuten eine neue medizinische Erkenntnis

Die Wissensexplosion
Entwicklung seit 1800
    1800 – 1900
    1900 – 1950
    1950 – 1960   Verdopplung des Wissens
    1960 – 1966
    1966 – 1970

Ein Optimum an Wissen
in kürzester Zeit
mit größter Tiefenwirkung
vermittelt erhalten und aufnehmen.

Gruppenregeln

Zwingen Sie Ihre persönliche Entscheidung den anderen nicht auf. Argumentieren Sie mit Logik.

Vermeiden Sie nachzugeben, bloß um Einstimmigkeit zu erzielen oder Konflikten auszuweichen. Unterstützen Sie nur dann andere Sichten, wenn Sie mit Ihren wenigstens teilweise übereinstimmen.

Vermeiden Sie Konfliktlösungstechniken wie Mehrheitswahl, Abstimmung oder Kuhhandel (Wenn Du mir, dann ich Dir ..)

Betrachten Sie abweichende Meinungen eher als einen nützlichen Beitrag, statt sie als störend zu empfinden, das heißt, den anderen auf jeden Fall einmal ausreden lassen.

Achten Sie auf die Einhaltung dieser Regeln und greifen Sie ein, wenn gegen sie verstoßen wird.

Wissensaufnahme
78% durch das Auge
13% durch das Ohr
3% durch Geruch-, Geschmack- und Tastsinn

Vergessenswerte
Man vergisst:
Gehörtes nach 3 Stunden zu 30%
Gesehenes nach 3 Stunden zu 28%
Gehörtes nach 3 Tagen zu 90%
Gesehenes nach 3 Tagen zu 80%
Gehörtes und Gesehenes nach 3 Stunden zu 15%
Gehörtes und Gesehenes nach 3 Tagen zu 35%

Behaltenswerte

Man behält etwa

    10% von dem, was man liest.

    20% von dem, was man hört.

    30% von dem, was man sieht.

jedoch

    70% von dem, was man sieht und hört.

    80% von dem, was man selbst sagt.

    90% von dem, was man selbst ausführt.

Gips

Immer dabei, immer vorn

Eine Anleitung, wie man überall mitsprechen kann

Speziell an Juristen wird immer wieder die Forderung gestellt, stets die richtige Antwort bereit zu haben. Viele Interessensvertreter klagen über die mangelnde Rhetorik der jungen Akademiker, deren Beziehung zur Praxis sehr oft zu wünschen übrig lässt und folgedessen auch ein gewisser Mangel an Ausdrucksfähigkeit zu bemerken ist.

Wenn nun der betroffene Leser bei Gesprächen, Disputen, Palavern und Diskussionen „integrierte Führungspotenz" spüren sollte, dass er dem Austausch von „progressiven Aktionsstrukturen" nicht gewachsen ist, so darf ihm das „automatische Schnellformulierungssystem" permanent und konzentriert empfohlen werden.

Zum ersten Mal wurde diese Aktionskonzeption im Neujahrsgruß des Deutschen Werkbundes in seiner Zeitschrift „Werk und Zeit" (19. Jahrgang, Nr.1) als Beitrag zur „synchronen Aktionsprogrammierung" veröffentlicht. Wir folgten den „progressiven Fluktuationstendenzen der ambivalenten Drittgenerationsstrukturen" und geben die Anleitung zum Gebrauch der genialen Misch – Wort – Erfindung im folgendem weiter:

Die Handhabung des „automatischen Schnellformulierungssystems" ist einfach. Denken Sie sich eine beliebige dreistellige Zahl und suchen Sie die entsprechenden Wörter in jeder Spalte auf. Die Nummer 257 zum Beispiel ergibt „permanente Fluktuationspotenz", ein Ausdruck, der praktisch jedem Bericht eine entscheidende, vom Fachwissen geprägte Autorität verleiht. Keiner wird im Entferntesten wissen, wovon Sie reden. Aber entscheidend ist, dass niemand wagen wird, es zuzugeben!

Redewendungen vermeiden, die den Partner verletzen

- Das ist falsch!
- Das ist nicht richtig!
- Verstehen Sie!
- Können Sie mir folgen!
- Ist das klar!
- Klar?
- Passen Sie mal auf!
- Hören Sie mal zu!
- Geben Sie mal acht!
- Begreifen Sie mich?
- Entschuldigen Sie, dass ich Sie unterbreche!
- Ja, richtig.
- Genau! Exakt! Jawohl!
- So ist es!
- Na, das ist doch klar!
- Das ist doch ganz einfach!
- Wem sagen Sie das?
- Das können Sie mir ruhig glauben!
- Natürlich! Sicher!
- Können Sie sich vorstellen!
- Ehrlich!
- Ist das wahr?
- Ich werde es Ihnen noch einmal erklären!
- Ich erkläre es Ihnen zum letzten Mal!

- Ernsthaft?
- Das stimmt aber nicht!
- Das ist nicht wahr!
- Aber das ist doch ganz anders.
- Sie haben völlig recht!
- Da haben Sie mich falsch verstanden!
- Das können Sie nicht beurteilen!
- Das können Sie gar nicht wissen!
- Woher wollen Sie das wissen?
- Ich will versuchen, es Ihnen zu erklären!
- Da muss ich Sie korrigieren/berichtigen!
- Das müssten Sie ja eigentlich wissen!
- Denken Sie doch mal nach!
- Überlegen Sie doch mal!
- Versuchen Sie doch mal, darüber nachzudenken..!
- Haben Sie mich verstanden?
- Habe ich mich klar genug ausgedrückt?
- Betrachten Sie die Sache doch mal so!
- Begreifen Sie doch endlich!
- Wenn Sie meinen!
- Gucken Sie mal her!
- So ist das nun aber auch wieder nicht!
- Das ist eine gute Frage!
- Sie haben gut beobachtet.
- Das ist doch kein Argument.

Argumentationsmodelle

Linie
1. Wir gehen von der grundsätzlichen Überlegung aus, dass ...
2. Als weiterer Gesichtspunkt wurde genannt ...
3. Daraus folgerten wir ...
4. Auch aus einem anderen Grund scheint mir das Ergebnis positiv ...
5. Deshalb sollten wir nach meiner Meinung diesen Plan verwirklichen ...

Raute
1. Es gibt sicher eine Menge unterschiedlicher Gesichtspunkte zu dieser Frage.
2. Als besonders wichtig erscheint mir jedoch …
3. Außerdem darf man nicht übersehen …
4. Schließlich spricht noch dafür …
5. Deshalb bin ich dafür, dass …

Dialektik
1. Der Vorredner nannte eine Reihe von Argumenten …
2. Unter anderen behauptete er …
3. Dagegen muss man jedoch einwenden, dass …
4. Vergleicht man diese Ansichten, dann wird deutlich, dass …
5. Deshalb schlage ich vor, wir beschließen verbindlich …

Vom Allgemeinen zum Besonderen

1. In der Regel sieht man die Sache so …
2. Aber unsere Erfahrung hat gezeigt, dass …
3. Denn zum einen …
4. Und zum anderen …
5. Deshalb ist konsequenterweise …

Titel
1. Die Partei x behauptet …
2. Als scheinbare Gründe führen sie an …
3. Die Partei y vertritt gar die Auffassung …
4. Und begründen wollen sie ihre Einstellung mit dem fadenscheinigen Hinweis …
5. Keiner dieser Standpunkte lässt sich bei näherer Prüfung halten. Deshalb ist die einzig richtige Lösung …

Kompromiss
1. A behauptete …
2. B widersprach mit dem Hinweis …
3. Mir scheint die beiden treffen sich in einem Punkt …
4. Hier liegt vielleicht die Lösung, denn …
5. Wir sollten in dieser Richtung weiterdenken …

Bergkristall

Unsere Lebenseinstellung

Positiv

↑

Gott

↑

Liebe

↑

Verstehen

↑

Erfahrung

↑

Geduld

↑

| Ereignisse des Lebens |

↓

Widerstand

↓

Erregung

↓

Reaktion

↓

Verwirrung

↓

Krankheit

↓

Dunkelheit

↓

Negativ

Ist unsere Lebenseinstellung positiv, bewegen wir uns aufwärts in Richtung Heilung/ Gott und wachsen als Mensch.

Es liegt in unserer Hand, wie wir uns zu den Ereignissen des Lebens einstellen. Nach dem Gesetz von Ursache und Wirkung (Aktion-Reaktion) entfaltet sich unser Schicksal. Was wir heute „ernten" (Reaktion), haben wir in der Vergangenheit selbst „gesät" (Aktion).

Wenn wir uns für eine negative Einstellung entscheiden, gehen wir auf der Spirale nach unten in Richtung Krankheit/ Dunkelheit.

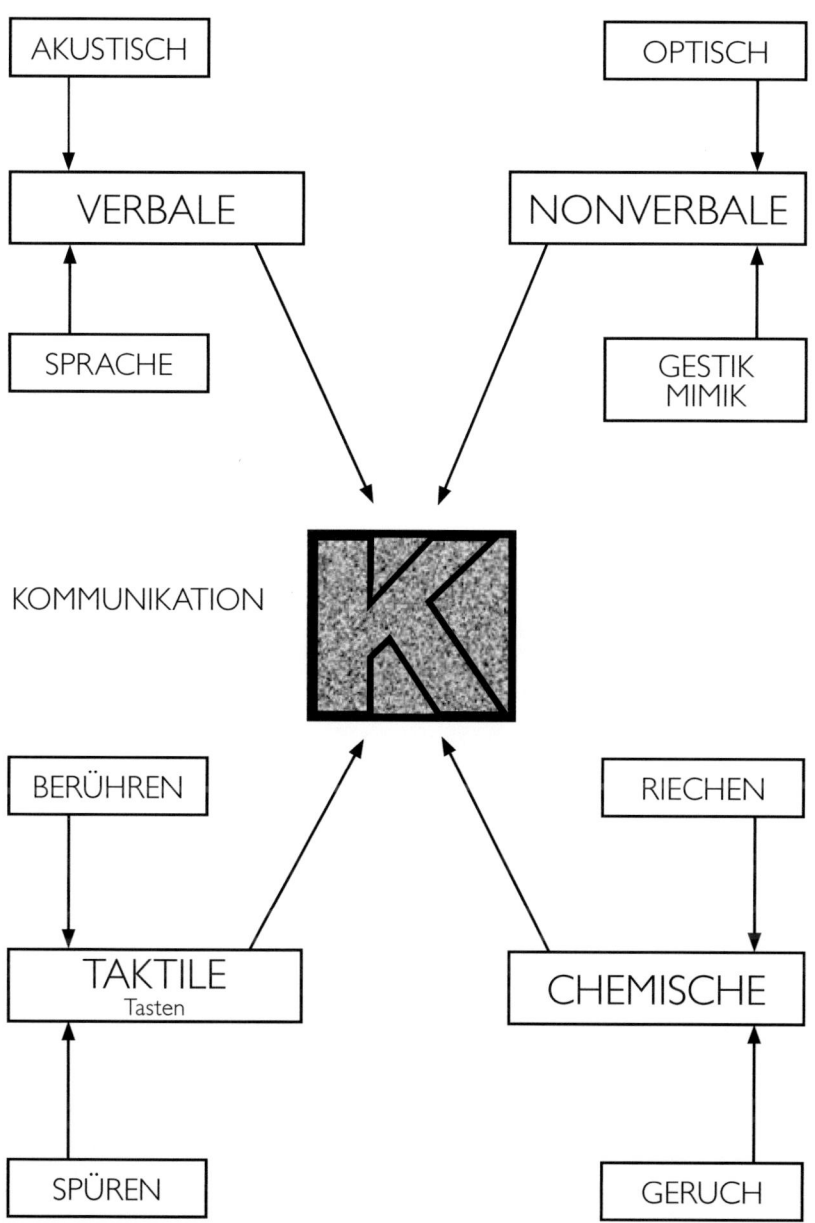

AKUSTISCH

VERBALE

SPRACHE

OPTISCH

NONVERBALE

GESTIK
MIMIK

KOMMUNIKATION

BERÜHREN

TAKTILE
Tasten

SPÜREN

RIECHEN

CHEMISCHE

GERUCH

Die Diskussion

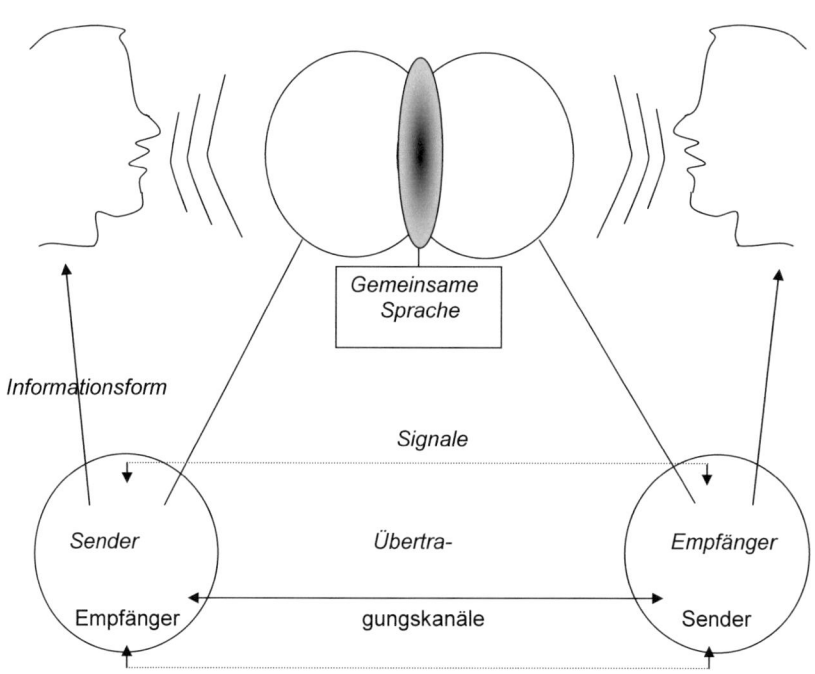

Rückkoppelung = Feedback

Gemeinsame Sprache

Informationsform

Signale

Sender

Übertra-

Empfänger

Empfänger

gungskanäle

Sender

Kommunikationsmodell
(Informationsaustausch)

Einige Diskussionstechniken

Fundamente:	Tatsachen – Zahlen – Fakten – Tabellen – Beweise ➜ möglichst schriftlich
Widersprüche:	Jeden Widerspruch des Gegners aufzeigen, ihn als unglaubwürdig hinstellen.
Vergleiche:	Für trockene Zahlen Vergleiche bringen um sie anschaulich zu machen.
Ja, aber Technik:	Zustimmen dem einen Teil, ablehnen des anderen Teils.
Salami-Taktik:	– das ist richtig – darüber kann man reden – das ist ein Blödsinn bzw. in der Diskussion Teilzustimmungen abringen, die gesamt das ergeben, was man erreichen wollte.
Retourkutsche:	Mit den eigenen Waffen schlagen.
Ab- und Aufwertungstechnik:	Gegner durch Auf- und Abwerten seiner Zahlen und Argumente als nicht seriös und unglaubwürdig hinstellen.

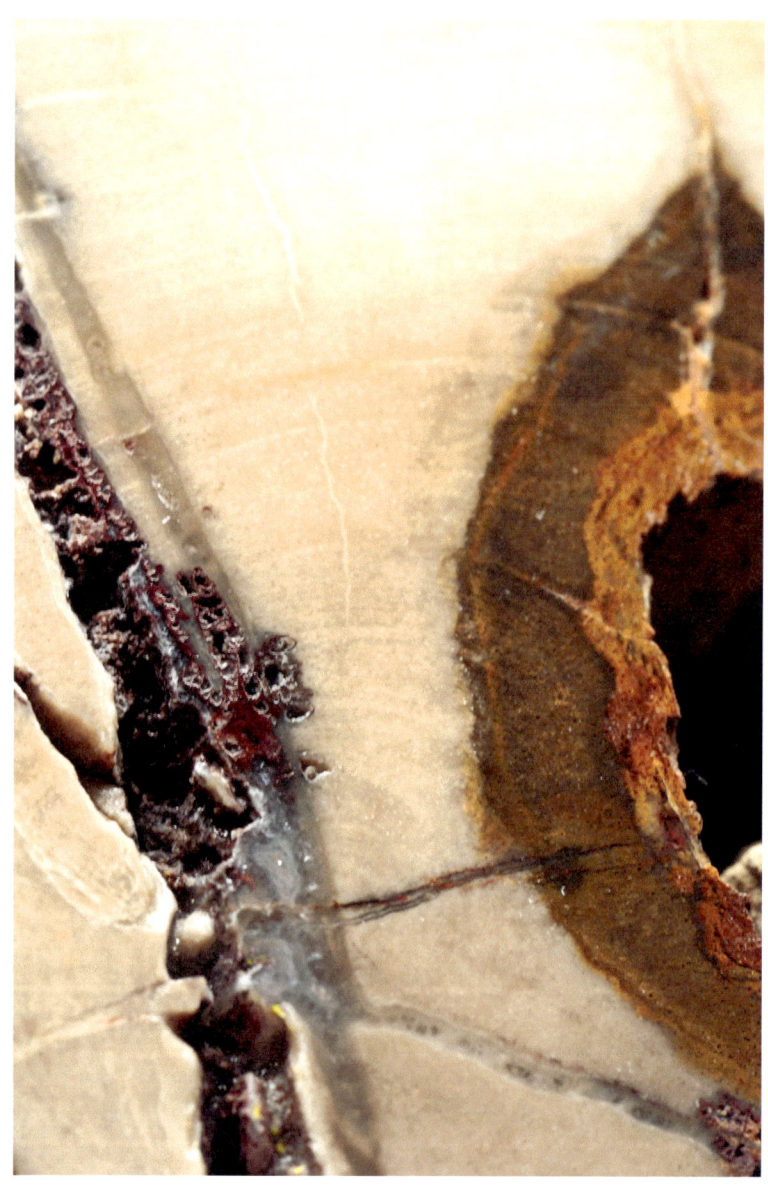

versteinertes Holz (Ausschnitt)

Empfehlung für Leiter von Diskussionsgruppen

A) Vorbereitung

(1) Ordnen Sie die Diskussionsgruppe kreisförmig an, so dass jede Person die andere sehen kann.

(2) Stellen Sie sich selbst vor und sorgen Sie dafür, dass die Teilnehmer untereinander bekannt werden.

(3) Prägen Sie sich die Namen aller Diskussionsteilnehmer so rasch wie möglich ein.

(4) Beginnen Sie rechtzeitig und beenden Sie die Diskussion zur vorgesehenen Zeit.

(5) Bei der Eröffnung der Diskussion weisen Sie mit Nachdruck darauf hin, dass *jeder* Diskussionsteilnehmer gebeten wird, sich zu beteiligen. Wenn nur ein einziges Mitglied der Diskussionsrunde seine Ansicht nicht öffentlich zum Ausdruck zu bringen vermag, dann kommt die Diskussion hinsichtlich ihrer Spielregeln zu kurz.

(6) Achten Sie auf Lüftung und Beleuchtung.

(7) Bereiten Sie die technischen Hilfsmittel vor.

(8) Prägen Sie sich ein: Keine Monologe, weder seitens des Diskussionsleiters noch eines Gruppenmitgliedes.

B) Durchführung

1) Helfen Sie der Diskussionsgruppe, den Gegenstand soweit zu klären, dass der Zweck der Zusammenkunft deutlich wird. Überlassen Sie es der Konferenz, mit der Beschränkung auf die Aufgabe, welche den Gegenstand der Arbeit bildet, die Tagesordnung festzusetzen.

2) Zielen Sie von allem Anfang an auf eine genaue Definition der Fragestellung seitens der Diskussionsgruppe ab, z.B.
„Mit welcher Frage wollen Sie beginnen?"
„Ist die Frage klar?"

3) Stellen Sie im Allgemeinen keine Fragen an einzelne Gruppenmitglieder, es sei denn in folgender Form:
„Was denken die übrigen Konferenzteilnehmer über diesen Punkt?" oder
„Wir haben nun die Meinung der Herren gehört, nun, wie denken Sie darüber?" oder
„Welche Erfahrung haben Sie, Herr X, der Sie aus diesem oder jenem Fach kommen, in dieser Frage gemacht?" oder
„Herr Müller, Sie wollten doch eben etwas sagen ?" usw.

4) Unterbrechen Sie einen ,,Dauerredner" so taktvoll wie möglich, z.B.:
„Bei diesem Punkt der Diskussion angelangt, wäre es vielleicht zweckmäßig, nun die Meinung der anderen zu hören", oder
„Können wir uns vielleicht die Behandlung dieses Punktes für später vorbehalten?"

5) Halten Sie die Diskussion im gegebenen Rahmen. Beschränken Sie sich auf die Lenkung und überlassen Sie es weitgehend der Diskussionsgruppe, ihren Weg zu finden. Doch lassen Sie sich nicht überspielen.

6) Bedenken Sie immer, dass die Meinung des Diskussionsleiters eine starke Wirkung in der Diskussion hat. Halten Sie sich daher soweit als möglich zurück. Ihre Aufgabe ist es vornehmlich, die Ideen anderer einer Klärung zuzuführen.

7) Wenn Sie merken, dass irgendein bedeutender Punkt der Diskussion vernachlässigt wird, dann streichen Sie ihn heraus, etwa in folgender Art:
Herr Y sagte uns neulich, dass er der Ansicht ist, ... Was ist Ihre Meinung hiezu?"

8) Achten Sie auf gute Stimmung, Unbefangenheit und Zwanglosigkeit. Sorgen Sie dafür, dass sich jeder wohl fühlt. Hören Sie mit Achtung alle vorgebrachten Ansichten an. Heben Sie jedoch das Wichtige hervor und lenken Sie die Diskussion von den minderwichtigen Punkten ab.

9) Nehmen Sie sich ungefähr alle 15 Minuten Zeit, zusammenzufassen:
Wir wollen jetzt feststellen, wie weit wir bisher gekommen sind". Seien Sie bei der Zusammenfassung so fair und korrekt wie nur möglich.

10) Lenken Sie die Aufmerksamkeit auf unbeantwortete Fragen, damit Sie entweder einem zukünftigen Studium vorbehalten bleiben oder an den Fragesteller zurückverwiesen werden. Beschließen Sie die Diskussion mit einer Zusammenfassung, die bei den Teilnehmern den Wunsch erweckt, das Studium und die Aussprache zu den einzelnen Fragen fortzusetzen.

Feed – Back

Feed Back ist eine Mitteilung an eine Person, die diese Person darüber informiert, wie ihre Verhaltensweisen von anderen wahrgenommen und erlebt werden.

Feed Back stützt und fördert positive Verhaltensweisen, korrigiert nonkonforme Verhaltensweisen und klärt die Beziehung zwischen Personen.

Regeln für Feed Back:

beschreibend	– im Gegensatz zu bewertend, interpretierend, Motive suchend
konkret	– im Gegensatz zu allgemein
angemessen	– unter Berücksichtigung auf die Bedürfnisse der Person, der wir Information geben
brauchbar	– es muss sich auf Verhaltensweisen der Person beziehen, die der Empfänger ändern kann.
erbeten	– im Gegensatz zu aufgezwungen
zur rechten Zeit	– normalerweise möglichst bald nach dem betreffenden Verhalten
klar und genau formuliert	

zusammenfassend

für den, der Feed Back erteilt:
- beziehe dich auf konkrete Einzelheiten, auf Material, der Hier- und Jetzt- Situation
- unterwirf deine Beobachtung der Nachprüfung durch andere
- gib deine Informationen auf eine Weise, die wirklich hilft
- gib sie sobald als möglich
- vermeide moralische Bewertung und Interpretation
- biete deine Information an, zwinge sie nicht auf
- sei offen und ehrlich

für den, der Feed Back erhält:
- nicht argumentieren und verteidigen
- nur zuhören und nachfragen

Autoritätsmasche:	Zitate – Alter – Stellung – Hobby ins Spiel bringen
Ausweichen:	Auf die Frage (Thema) nicht eingehen, von etwas anderem reden.
Verwirrung:	blitzschnell durcheinander argumentieren, ständig das Thema wechseln
Gefühls – Appell:	nicht mehr sachlich – Emotionen ansprechen
Fangfragen:	von vornherein die Antwort voraussetzen, sie ist in der Frage schon enthalten

Diskussionsbeiträge sollten möglichst sachlich und emotionslos sein. Nur so kann man sich auf Dauer gegenüber einem „Dialektiker" oder Störer behaupten. Kurz fassen und gut vorbereiten. Stichwortzettel mit den eigenen Argumenten und denen des Gegners vorbereiten. Äußerungen des Gegners mitschreiben um ihn notfalls zitieren zu können und festzunageln.

!!! IMMER NUR DURCH MEHR WISSEN UND FUNDIERTE SACHKENNTNIS ODER ARGUMENTATION AUFFALLEN, ABER NIE DURCH ZWISCHENRUFE ODER WÖRTLICH AUSGEDRÜCKTER GERINGSCHÄTZUNG DES GEGNERS!!!

JOHARI – Window

benannt nach den Autoren Joe Luft und Harry Ingham

Das J.-W. ist ein einfaches graphisches Modell, das die Veränderungen von Selbst- und Fremdwahrnehmung im Verlaufe eines Gruppenprozesses darstellt.

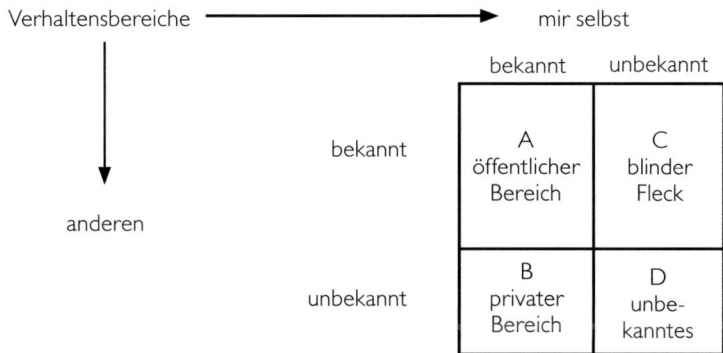

Verhaltensbereiche ⟶ mir selbst

	bekannt	unbekannt
bekannt	A öffentlicher Bereich	C blinder Fleck
unbekannt	B privater Bereich	D unbe- kanntes

anderen

Quadrant A: Bereich der öffentlichen Sachverhalte und Tatsachen, wo Verhalten und Motivation sowohl mir selbst bekannt als auch für andere wahrnehmbar sind.

Quadrant B: Bereich des Verhaltens, der mir bekannt und bewusst ist, den ich aber anderen nicht bekannt gemacht habe oder nicht bekannt machen will. (Geheimnis)

Quadrant C: Bereich des Verhaltens, der für andere sichtbar und erkennbar ist, mir selbst hingegen nicht bewusst ist. (z.B.: nicht mehr gewusste Gewohnheiten)

Quadrant D: Bereich der Vorgänge, die weder mir noch anderen bekannt sind.

Situation am Beginn einer neuen Gruppe:

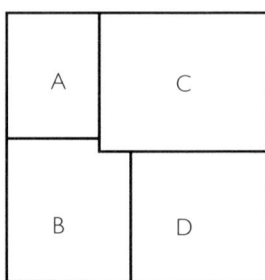

Veränderung durch Feed Back:

blinde Flecken werden
aufgehellt

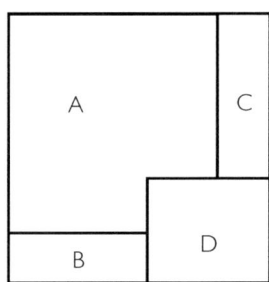

Das Selbstbild des anderen akzeptieren und ihn ernst nehmen!

▯⟹ Regeln für den Einsatz visueller Hilfsmittel

Niemals visuelle Hilfen ohne vorherige Probe verwenden!

- Reihenfolge korrigieren, Standard-Folien durch individuelle Blätter ergänzen
- Handhabung üben (besonders wichtig bei den verschiedenen Projekten)
- Wirkung kontrollieren

Sicherstellen, dass visuelle Hilfe wirklich bei der Verständigung helfen kann und nicht etwa hindert!

- Einfach und verständlich (max. 10 Zeilen). Nur eine Idee auf einmal!
- Farben (max. 2-3), Unterstreichungen etc. zur Betonung oder Erläuterung der Kerninformation verwenden
- Keine Mini-Notizen ➔ separates Konzept
- Visuelle Hilfe nur solange einsetzen, wie darauf bei der Präsentation Bezug genommen wird. (Flip umschlagen, Projektor ausschalten!)

Visuelle Hilfen gezielt einsetzen!

- Visuelle Hilfen erst zeigen, wenn sie „an der Reihe" sind. (Projektor ausschalten)
- Leerstellen für Entwicklungsmöglichkeiten vorsehen (evtl. Übereinanderprojektionen)

- Möglichst verschiedene visuelle Hilfen kombinieren (Flip/ Projektor, Tafel/Flip, Hafttafel/Flip).
- Muster nicht während Ihres Vortrages herumreichen: hochhalten, so dass alle das Muster sehen können, oder bis zum Schluss Ihrer Ausführungen damit warten.

Allen Zuhörern freie Sicht auf die visuellen Hilfen geben!

- Seitlich stehen (z.B.: neben Schaublock; bei Projektor: evtl. Schritt zur Seite, wenn Referent Bild verdeckt)
- Zeigestab verwenden (z.B.: bei Projektor: auf Projektionsfläche zeigen, in der Regel nicht auf Leinwand – Blickkontakt!)
- Zuhörer ansehen und zu ihnen sprechen (nicht etwa z.B.: zum Schaublock oder zur Leinwand!)

Visuelle Hilfe wirken lassen!

- Bei der Handhabung der visuellen Hilfen (Diawechsel, Hafttafelbild, Schaublatt umwenden etc.) kurze Pause, damit Teilnehmer die visuelle Hilfe ohne Ablenkung ansehen können (insbesondere bei Texten) – dann weiterreden
- Visuelle Hilfen zur Unterstützung Ihrer Ausführungen verwenden, nicht Ausführungen zur Unterstützung der visuellen Hilfen!
Visuelle Hilfe ist kein Konzept-Ersatz!

Lauter als normal sprechen!

- Die Aufmerksamkeit des Zuhörers ist geteilt (visuelle Hilfe und Referent)
- Bei abgedunkeltem Raum (z.B.: Dias) ist erst recht größere Lautstärke erforderlich, um die Zuhörer zu fesseln.

Amethyst

Grundregeln der Überzeugungs- und Verhandlungstechnik

Im unbewussten Teil ihrer Persönlichkeit sind sich die Menschen sehr viel ähnlicher, als Sie bislang annahmen. Die folgenden Regeln versuchen, den Verhandlungspartner im Unbewussten positiv anzusprechen. Sie sollen erreichen, dass er sich Ihren Ansichten und Zielen öffnet. Sie sollen verhindern, dass Sie ihn im Unbewussten verletzen und er als Folge davon „Die Klappe fallen lässt".

1. Die Egozentrik des Menschen berücksichtigen

2. Aufrichtig Anteil nehmen

3. Namen behalten und nennen

4. Gut zuhören – nie unterbrechen

5. Sich in die Lage des Partners versetzen

6. Prestigediskussionen vermeiden

7. Gleichgewicht der Aktivität schaffen – Informationsverluste vermeiden

8. Nicht behaupten – sondern selbst entdecken und erleben lassen.

Wer dem Partner die gewünschte Mittelpunktstellung verschafft;
sich in seine Lage versetzt (Empathie = Einfühlungsvermögen);
wer ihn zum Sprechen und Handeln aktiviert;
wer demonstriert und Erkenntnishilfen gibt;
wer gut zuhören kann und aufrichtig an den Problemen und
Interessen des Anderen Teil nimmt;
wer Prestigediskussionen vermeidet und den Partner häufig beim
Namen nennt –
der wird im Umgang mit Menschen selten Schwierigkeiten haben,
der wird andere Menschen überzeugen können. Dabei wird er
freilich seine eigene Egozentrik unterdrücken müssen, aber er
wird andere Menschen für sich gewinnen und sie in seinem Sinne
beeinflussen können.

Die Macht des Wortes

Politik und Medien. Massenmedien sind eine Grundlage der Demokratie. Es gibt aber die Verantwortung für Politiker, Journalisten und Bürger, mit diesem Instrument in Sorgfalt umzugehen. Der Grad dieser Sorgfalt ist letztlich der Ausdruck unserer politischen Kultur. Von Univ.-Prof. DDr. Manfried Welan

In einer Zeit, wo uns die Erfahrungs- und Anschauungsmenge aus allen Bereichen erdrückt, haben Medien die Orientierungsfunktion schlechthin. Trotzdem sind wir oft "overnewsed" und "underinformed". Auf allen Gebieten lautet die Frage: "Wie informiere ich mich richtig?"

Unseren Rechtsstaat schützen

Die selbstständige Informationsbeschaffung ist für jeden Lehr- und Lernziel geworden. Das gilt auch für die Politik. Sie ist oft unverständlich und undurchsichtig, vor allem manche politische Akteure und ihre Politik. Ihre Spielregeln kann man lernen, z. B. die Verfassung. Aber sie ist nur ein kleiner Teil. Sie betrifft mehr das Ritual der wiederkehrenden politischen Entscheidungen und Handlungen, so etwa das Verfahren und die Form in Gesetzgebung, Verwaltung und Gerichtsbarkeit. Das begründet formale Sicherheit, Verhaltenserwartungen und reduziert ein wenig die Komplexität.

Aber mehr als in anderen Bereichen kommen in der Politik wechselnde Ziele, veränderte Inhalte, neue Ereignisse und vor allem Zufälle zum Zug. Alles fließt, die Verfassung steht. Die beste Verfassung kann Politik nicht vorausberechenbar und vorhersehbar machen, geschweige denn mess- und kontrollierbar. Die beste Verfassung ersetzt auch nicht den Charakter.

Aber wie sagt Karl Popper? "Wir brauchen in der Politik nicht so sehr gute Menschen als gute Institutionen, welche eine Kontrolle über die Herrscher einräumen." Gute Institutionen können sogar schlechte Herrscher zu einer Politik bringen, die im Interesse der Beherrschten liegt, oder sie zumindest daran hindern, allzu viel Schaden anzurichten. Wir haben ganz gute Institutionen. Wir müssen sie schützen, wenn sie angegriffen werden. Wir haben einen Rechtsstaat, für den wir als Demokraten streiten müssen. Unsere rechtsstaatliche Demokratie und unser demokratischer Rechtsstaat sind werthaft. Sie müssen aber auch wehrhaft sein. Sie sind es durch uns.

Demokratie beruht auf Vertrauen und Verantwortung. Wir wählen, weil wir jemandem vertrauen. Aber was wissen wir über die, denen wir vertrauten, deshalb wählten und so verantwortlich machen? Wir sind auf die Medien verwiesen. Noch mehr sind Politiker auf die Medien angewiesen und brauchen die Vermittlungsleistung auf der Input- und Outputseite. Nur so können sie Vertrauen und Unterstützung für ihr Handeln gewinnen. Die Medien wiederum brauchen die politischen Akteure und ihre Politik. Nur so können sie ihrer Informations-, Meinungsbildungs-, Kritik- und Kontrollfunktion nachkommen. So überschneiden sich Politik und Medien und arbeiten oft in einer Symbiose. Aber sie arbeiten nach unterschiedlichen Regeln.

Hauptziel Präsenz

Als Journalist soll ich erkennen und mitteilen, was ist. Ich muss aber auch dabei an meine Adressaten denken und an meine Chefs, die nach Absatz und Quoten schielen. Danach richtet sich das Sammeln, die Auswahl, die Bearbeitung und die Darstellung von Informationen. Als Politiker soll ich wissen, wo den Menschen der Schuh drückt, Probleme wahrnehmen und zu ihrer Lösung beitragen und dabei bedenken, was notwendig, zweckmäßig, möglich ist, und danach handeln und entscheiden. Aber jeder politische Akteur will auch in den Medien an- und durchkommen. Das wurde für viele zum Hauptziel.

Die vierte Macht im Staat

Schon im ersten österreichischen Sozialkundebuch für politische Bildung 1969 zitierte ich den Satz: "Wer die Massenmedien beherrscht, beherrscht die Wählerschaft; wer die Wählerschaft beherrscht, beherrscht den politischen Prozess." Daher versucht Politik immer wieder die Medien zu beeinflussen. "Der Zugang zum Machthaber ist der Zugang zur Macht", sagt Carl Schmitt. Dieser Zugang ist heute auch der zu den Medien. Die Aufmerksamkeit dieser soll auf Themen gelenkt werden, welche die Politik für wichtig hält. Themen, Schlagwörter, Fahnenwörter werden durch besondere politische Akteure als Communicators transportiert. Jedes Thema soll mit einem geeigneten Bezugsrahmen versehen werden. Für diese Agenda-Setting- und Framing-Arbeit werden Techniken aus der Public-Relations- und Werbebranche eingesetzt. Es gibt formelle und informelle Wege, um die Medienberichterstattung im Sinne der Politik zu beeinflussen. Am einfachsten spielt sich das in öffentlich-rechtlichen Rundfunkeinrichtungen ab. Da genügt eine Novelle oder ein neues Gesetz, um Mehrheitsherrschaft wenigstens im Ansatz zu etablieren. Informell agiert Politik über verschiedene Kanäle, z. B. "Hintergrundgespräche", direkte persönliche Kontakte, durch symbiotische Beziehungen und Verhältnisse. Allerdings darf man sich nicht auf "Off-records"-Gespräche verlassen. Auch hier gilt, wem kann ich mehr und wem kann ich weniger vertrauen? Als Politiker wurde ich oft von Journalistinnen und Journalisten gefragt: "Hob'n S' wos?" Ich hatte immer etwas, nicht immer war es allerdings das, was ihnen passte und was sie wollten. Aber gut vorberatene und aufbereitete Themen kommen immer an. Es gibt leider das Zeitdilemma der Politik. Trotzdem wissen Politiker wenigstens über die Medien Bescheid. Bürger müssen da bescheidener sein. Sie können schwer unterscheiden, wo die objektive Information aufhört und die Meinungsmanipulation beginnt.

Die Freiheit der Gesellschaft

Meinungsäußerungs-, Presse-, Rundfunk-, Informations- und Medienfreiheit sind Grundpfeiler einer demokratischen Gesellschaft. All diese Kommunikationsfreiheiten bedeuten die Freiheit der Gesellschaft. Eine unabhängige Informationsvermittlung unter Vermeidung einseitiger und monopolistischer

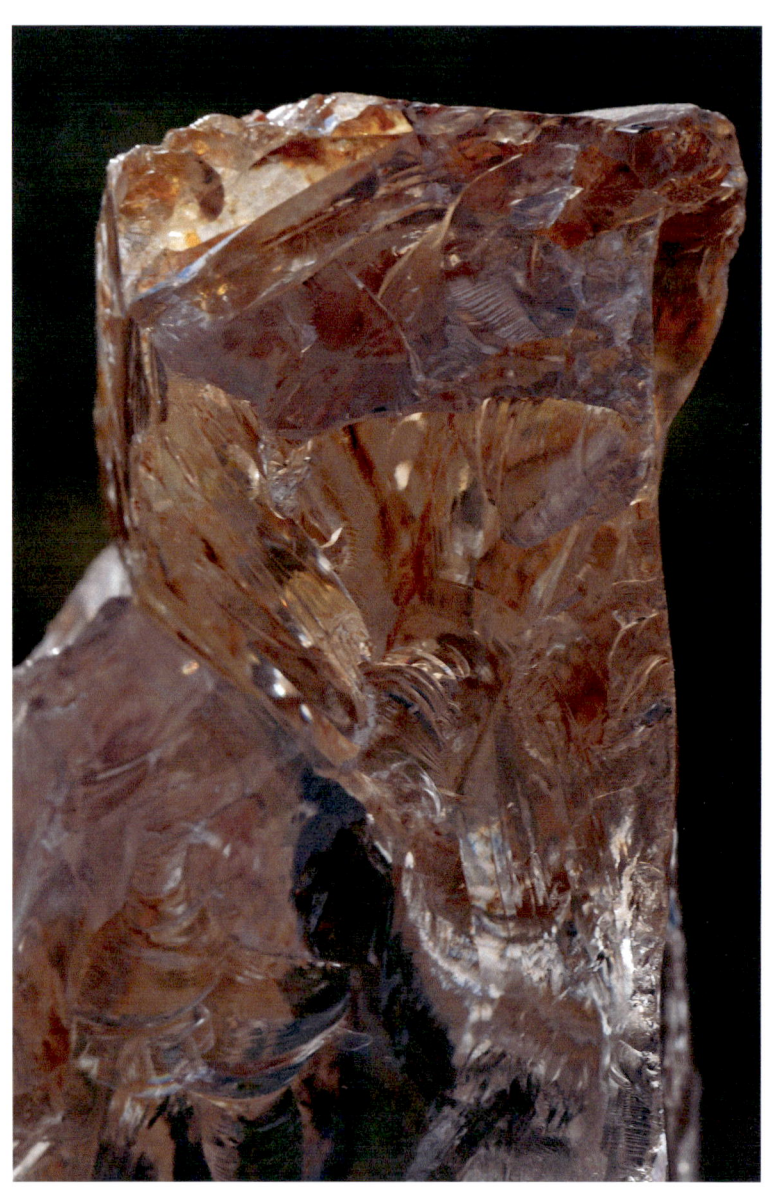

Citrin Rohstück

Beherrschung der Meinungsbildung ist eine Lebensfrage der Demokratie. Die Macht der Medien bedeutet daher die Gefahr gemachter Meinung. Man darf somit tatsächlich nie "alles glauben, was in der Zeitung steht". Über Außergewöhnliches wird bevorzugt berichtet, Sensation als Information geboten, Ausnahmeerscheinungen mit hoher Aktualität präsentiert. Das Normale und Alltägliche ist nur ausnahmsweise interessant. Konflikt rangiert vor Konsens. Als Politiker wird man dagegen oft von Leuten mit der Frage konfrontiert: "Müsst ihr so viel streiten?" Allerdings auch mit der Forderung: "Lasst euch nicht so viel gefallen!"

Als Wissenschaftler muss ich feststellen: Manches, was in der Zeitung steht, ist falsch. Und der Rest ist unvollständig. Sehr wohl: Medien müssen auswählen, weglassen, vereinfachen. Immerhin sind tausende Informationen jeden Tag zu bearbeiten. Auch Politiker müssen selektieren und vereinfachen. Als einmal ein Bundeskanzler sagte: "Es ist eben alles sehr kompliziert", hatte er also Recht. Aber Politiker müssen manchmal geradezu "terrible simplificateurs" werden, nicht zuletzt, um in den Medien durchzukommen.

Wider den Grobianismus

Die Praxis von Politik und Medien macht immer wieder alte Probleme bewusst: so den Umgang mit der Sprache. Beide stehen in der Verantwortlichkeit des Formulierens. Politische Beredsamkeit ist eine besondere Tugend. Es mag manchmal nicht ohne "sound bites" gehen, aber Untergriffe und Verbalradikalismus führen leicht zum Grobianismus. Grobianismus ist besonders in unruhigen Zeiten üblich. Es kommt dann leicht zu einer Politik der Gefühle, in der sich Menschen vom Denken verabschieden: Von der Gewalt der Worte über Gewalt gegen Sachen kommt es leicht zur Gewalt gegen Menschen. Das uralte "Freund-Feind-Spiel" wird aktuell. Aber Politik in einer freien Gesellschaft ist kein Freund-Feind-Verhältnis, sondern ein Polylog, ein vielstimmiges Gespräch, ein Miteinanderreden, das nie aufhört.

Alte lateinische Sprichwörter helfen zur Orientierung:

- "Fortiter in re, suaviter in modo", also: "Hart in der Sache, milde in der Form". Über dem Wiener Gemeinderatssaal steht der Satz:
- "Quidquid agis, prudenter agas et respice finem." – "Was immer du tust, tu es klug und bedenke die Folge, die Konsequenz." Das ist ein Appell an die Verantwortungsethik, welche die Gesinnungsethik ergänzen soll.
- "Si tacuisses, philosophus mansisses." – "Wenn du geschwiegen hättest, wärest du ein Philosoph geblieben."
- "Et iam dimissum, volat irrevocabile verbum." – "Einmal weggeschickt, fliegt unwiderruflich das Wort hin." Oder wie Bruno Kreisky es formulierte: "Das gesprochene Wort ist wie eine Kugel aus dem Lauf."

Er ging als Journalistenkanzler in die Geschichte ein. "Ich bin der Meinung", sagte er oft, und damit gab er sich liberal. Er war der Meinung, dass man so reden soll, dass man verstanden wird. Das war eine der Ursachen, warum er langsam redete. Er wusste, wie viele Menschen auf die Massenmedien angewiesen sind und wie hastig das Wort vorbeifliegt. Deshalb ließ er den Menschen Zeit. Es gibt aber verschiedene Redner: "Es gibt solche, die lassen einen Schwall auf die Leute los und glauben, es reicht, und es gibt auch Leute, denen das gefällt. Ich bin ein langsamer Redner und will haben, dass die Leute mich verstehen. Ich war mir auch stets der Problematik bewusst, die darin besteht, dass man auch etwas Falsches sagen kann", so der Medienkanzler.

Mediokratie – der fabelhafte Schein

Seit langem werden Medien als vierte Gewalt im Staat bezeichnet. Aber sie gehen weit über den Staat hinaus und betreffen die ganze Gesellschaft. Sie sind in Wirklichkeit die erste Gewalt. Sie sind eine Macht, die allein schon aufgrund der Kommunikationsfreiheit weitgehend außerhalb des Staates steht und anderes und mehr ist. Viele sprechen von einer kopernikanischen Wende der Politik. Die Parteien- und Verbändedemokratie von gestern verwandelte sich zur Mediendemokratie, die "Partitokratie" zur "Mediokratie". Regeln des Mediensystems wurden zunehmend Regeln der Politik. Es findet ein Rollentausch statt. Während in der Parteien- und Verbändedemokratie die Medien die Politik beobachteten und darüber berichteten, beobachten heute politische Akteure die Medien, um zu lernen, wie sie sich und was sie präsentieren sollen. "Parteien und Medien geraten zu Akklamationskulissen für mediale Inszenierungen der Spitzenakteure. Das Machtdreieck von Gesellschaft, Parteien und Staat wird durch das neue Machtdreieck Spitzenakteure, Medien, populistische Strategien ersetzt. Während früher die Politik das Mediensystem kolonisierte, wird derzeit Politik durch das Mediensystem kolonisiert." Diese Diagnose des Politikwissenschaftlers Thomas Meyer mag in manchem überzogen sein. Aber die Tendenzen in die Richtung Mediokratie bestehen.

Die Germanistik erklärt uns das Drama als eine mimisch und dialogisch gefärbte Handlung. Setzen wir statt Drama Politik, so haben wir das Theater. Theater, Bühne, Szene, Arena, Zirkus. Das sind Bilder für die Politik. Die ganze Welt ist "Bühne". "Wir spielen immer, wer es weiß, ist klug." Wir Österreicher wissen seit der Barockzeit, spätestens seit dem Rokoko: Theater ist Politik. In der Theatrokratie kommt es auf die Schauspieler an. Meyer analysiert in "Politik als Theater": "Die elektronische Bühne erzeugt eine Ästhetisierung von Politik, die sich tendenziell unabhängig davon macht, ob die gestellten Bilder durch politisches Handeln gedeckt sind oder nicht. Ein großer Teil der Energien, Intelligenz und Planungen der Politik wird auf die Erzeugung eines Anscheins politischen Handelns durch die wirkungsvolle Inszenierung visueller Sinneseindrücke und kalkulierter Bilder gerichtet, die an die Stelle von Information, Interpretation und Diskurs treten."

Der Schein bestimmt das Bewusstsein und dann das Sein! Politik ist Theater mit ernsten Folgen. Bei uns hat man oft den Eindruck, dass zu viel à la Pawlow gespielt wird. Wenn die Regierung etwas sagt, ist die Opposition dagegen und umgekehrt. "Das ist bei uns so Sitte, chacun à son gout", heißt es in der "Fledermaus". Aber sind wir nicht wirklich manchmal ein Operettenstaat? Oder überhaupt: War es je anders? Politik als "ludus mundi" ist uralt. Spieltrieb und Machttrieb steigern sich gegenseitig. Manche Techniken der Macht haben sich geändert, aber die Technik, den Schein als Sein zu präsentieren, das "Als ob" und des "Kaisers neue Kleider", das gehörte immer zur Politik dazu. Politik hat ja, wie Hofmannsthal die rationalen Liberalen erinnerte, mit Magie zu tun.

Aber dieses Spiel kann doch nicht alles sein! Politik als viel Lärm um nichts für die Medien und das Publikum? Klappern, Konfetti, Hetz, Gaudi, Spektakelpolitik mit Spektakelpolizei, das darf doch nicht alles sein? Da fehlt doch etwas, da fehlt doch das Wichtigste, das Wesentliche: die verantwortliche Entscheidung.

Es geht um Entscheidungen und Regeln für ein gutes Leben. Bei allen Spielen müssen wir darauf achten, was herauskommt. Wie Dolf Sternberger feststellt: "Man muss wissen, auf welche Weise die Entscheidungen erreicht und an welcher Stelle sie zuletzt verantwortlich gefällt werden." Immer muss die verantwortliche Entscheidung mitgedacht werden, die aus alledem hervorgehen soll. Wie wird entschieden, und wer ist für die Entscheidung verantwortlich? Und wie kann die Verantwortlichkeit geltend gemacht werden? Hier sind wieder die Medien als Wächter gefragt.

Politik, die immer auch so war, wie sie sich der kleine Maxi vorgestellt hat, kann sich auch in der Mediokratie weiterentwickeln: In der modernen Gesellschaft wird mehr diskutiert denn je; viele übernehmen die Rolle des Kindes als Aufklärer, um wie im Märchen von des Kaisers neuen Kleidern zu sagen: "Aber er hat ja gar nichts an." Im Strukturwandel der Öffentlichkeit zeichnen sich neue Gesprächs- und Diskussionsforen ab. Die Alternative wäre nach Meyer ein Theaterstaat: "In ihm verbindet sich die Rückkehr der höfischen Öffentlichkeit, in der sich bloß noch die Ämter und Amtspersonen auf der großen Bühne selber darstellen, mit einer Wiederkehr der Arkanpolitik, also der Geheimpolitik, nun aber nicht mehr in dem Sinn, dass die eigentliche Politik hinter prinzipiell verschlossenen Türen stattfände. Der Durchschnittsbürger erführe von ihr nur nichts Brauchbares auf der Staatsbühne."

Von der größten aller Verantwortungen

Aber diese Entwicklungen werden wir verhindern. Um wieder mit Popper zu sprechen: "Die Geschichte endet mit dem heutigen Tag. Wir können aus ihr lernen. Die Zukunft ist jedoch nie eine Verlängerung der Vergangenheit, auch keine Extrapolation. Die Zukunft existiert noch nicht, und eben darin liegt unsere große Verantwortung. Dass wir die Zukunft beeinflussen, dass wir alles tun können, um sie zu einer besseren zu machen."

Zitiert

Europäische Tageszeitungen sehen Stoiber als eindeutigen Sieger des Fernsehduells, für US – Medien bleibt Schröder der Favorit. Im Folgenden einige Auszüge

Doch zur Überraschung seiner Anhänger und Gegner gleichermaßen schien Stoiber seine gestelzte Sprechweise und sein hölzernes Auftreten auf wundersame Weise überwunden zu haben. Stattdessen lächelte er munter. Schröder dagegen gelang es nicht, von der Aura seines Amtes zu profitieren. Erschien zuweilen zaghaft und wurde oft in die Defensive gedrängt.

THE INDEPENDENT

Gegen den als Medienprofi anerkannten Bundeskanzler Gerhard Schröder vermied der bayerische Herausforderer in der lebhafthitzigen Debatte eklatante Fehler: Energisch und leidenschaftlich trug er seine Argumente vor.

THE GUARDIAN

Schröder wirkte eher bedrückt. Mit leicht düsterer Miene hat er zu keinem Zeitpunkt irgendwelche Gefühle zu erkennen gegeben. Im Gegensatz dazu hat Stoiber gern gelächelt, zeigte sich aggressiver und sogar fast spöttisch. Er versuchte mit einigem Erfolg, sein eher hölzernes Image abzustreifen.

CORRIERE DELLA SERA

Sich selbst behauptend und überzeugend, doch zugleich ange-
spannt, hatte es der Kanzler mit einem Stoiber zu tun, der oftmals auf
ungezwungene Art lächelte und der es in der Auseinandersetzung
zugleich verstand, öfters in den Angriff zu gehen.

LA REPUBBUCA

Der Kanzler, Gerhard Schröder, überwand seinen nervösen Start und
wirkte wie immer sehr selbstbewusst vor der Kamera. Sein Rivale
Edmund Stoiber war weniger steif als bei anderen TV-Auftritten zuvor.

NEW YORK TIMES

Stoiber, der TV-Neuling, wirkte selbstsicher. Schröder, der als Medien profi gilt, präsentierte sich entspannt und fallweise brilliant.

HARALD TRIBUNE

Literatur

ARISTOTELES:	Rhetorik; übersetzt mit einer Bibliographie, Erläuterungen und Nachwort von Sieveke Franz G., 1980; Universitäts- Taschenbücher 159.
AMMELBURG, Gerd:	Handbuch der Gesprächsführung. Bessere Techniken für Rede und Diskussion, Konferenz- und Versammlungsleitung, Gesprächspraxis, Verhandlung und Verlauf, 1974; Campus Vlg.. Konferenztechnik, 1976; VDI-Vlg.. Erfolgreich reden – leicht gemacht, 1981; Herder Bücherei 834. Ansprachen und Reden für alle Anlässe, 1981; Herder Bücherei 835.
BALSER-EBERLE, Vera:	Sprechtechnisches Übungsbuch. Wien 1950, S. 6, 7
BAUBY, Catherine:	Die Kunst der Konversation und Gesprächsführung, 1974; 1976; Verlag Moderne Industrie.
BAUMEISTER, Friedrich:	Anfänge der Redekunst in kurzen Sätzen abgefaßt, (Nachdruck aus 1754); Scripton Vlg..
BEHME, Helma:	Zur Theorie und Praxis des Gesprächs in der Schule – Eine ─ Biographie, 1977, Vlg. d. Rheinischen Bücherei.

BIEHLE, Herbert: Redetechnik. Einführung in die Rhetorik, 4.
                          Auflage 1974; Sammlung Göschen 6061.
                          Stimmkunde für Redner, Schauspieler,
                          Sänger und Stimmkranke, 2. neubearb.
                          Auflage 1970; Sammlung Göschen 60/60a
                          bzw. de Gruyter Vlg.

BIRKENBIHL,   Psychologisch richtig verhandeln, 1979,
Vera F.:   MVG.
                          Kommunikationstraining, 1975; Goldmann.
                          Signale des Körpers und was sie aussagen,
                          1979, MVG.

BLUM, Karl: Rhetorik für Führungskräfte. Techniken,
                          Konzepte, Musterreden, 1981, Vlg. Moderne
                          Industrie.

BOSSHART, Walter: Gesprächsführung praktisch. Anregungen
                          zur Methodik der Gruppenarbeit,
                          Neuauflage 1977, Verlag F. Reinhardt, Basel.

BÖTTCHER, Winfried –   Diskussionstechnik. Arbeitsanleitungen
ZIELINSKJ, Johannes: für Studium und Selbststudium, 1974, Vlg.
                          Droste.

BUCHBERGER, F./   Lehrerbildung – heute/Teil 1, S. 344-347
RIEDL, J. (Hrsg.):

CICERO: Rhetorische Schriften. Mit Auszügen aus
                          Quintilianus Instituio Oratoria, 1968, Vlg.
                          Aschendorff.

CLARKE,   Die Rhetorik bei den Römern. Ein
Martin L.:   historischer Abriß. Aus dem Engl. von
                          Dockhörn Klaus, 1967, Vlg. Vandenhoeck &
                          Ruprecht.

COULMAS, Florian: Routine im Gespräch. Zur pragmatischen
                          Fundierung der Idiomatik, 1981,
                          Akademische Verlagsgesellschaft
                          Athenaion.

MARTENS Ekkehard / DEIKE Wolf / GÖGELEIN Christoph / PLEGER Wolfgang:	DISKUSSION – WAHRHEIT – HANDELN, 2. Aufl. 1977, H. Schroedel Vlg., Berlin.
EBELING, Peter:	Das große Buch der Rhetorik, 1981, Engl. – VVA. Reden ohne Lampenfieber, 1975, Vlg. Moderne Industrie.
EHNERT, Helga/Rolf:	Gespräch und Diskussion. Verwirklichung von Sprechabsichten, 1980, Lensing/VVA.
EISENHUT, Werner:	Einführung in die antike Rhetorik und ihre Geschichte, 2.Auflage 1977, Vlg. wissenschaftliche Buchgesellschaft.
ELLERTSEN, Heinz:	Moderne Rhetorik. Rede und Gespräch im technischen Zeitalter, 8. erweiterte Aufl. 1979, Sauer Vlg. Stilkunde für Rede und Gespräch, 2. bearb. Aufl. 1971, Vlg. für Wissenschaft, Wirtschaft u. Technik.
FABIAN, Georg:	Diskutieren – debattieren. Ein Werkbuch für Gesprächsformen, 7. Aufl. 1977, Vlg. Pfeiffer Werkbücher 38.
FAST, Julius:	Körpersprache. Körpersprache ist Symbolsprache: Gesten und Bewegungen enthüllen das Unbewußte, die verschleierten Gefühle, 1979, rororo Sachbuch 7244. Körpersprache. Das Verhalten des Körpers verrät das Wesen des Menschen, 1971, Rowohlt Vlg.
FELS, Erich:	Vorträge, Reden, Diskussion, 1975, Taylorix-Wirtsch. Tb. 47.

FEY, Heinrich:

Handreichungen für den Fachvortrag. Rhetorische und didaktische Hinweise für alle, die Sachfragen vermitteln müssen, 1979; Vlg. Fey Gudrun und Heinrich. Redetraining als Persönlichkeitsbildung. Ein Lehrgang der Rhetorik, zum Selbststudium für die Arbeit in Gruppen geeignet, 2. erweiterte Aufl. 1977, Vlg. Fey Gudrun u. Heinrich.

FEY, Gudrun:

Das Antike der modernen Rhetorik, 1979; Vlg. Fey Gudrun u. Heinrich.

GEISSNER, Hellmut:

Rhetorik, Bayer. Schulbuchverlag. Rhetorik und Politische Bildung, 1975; Vlg. Scriptor. Rhetorik und Pragmatik, Vorträge der 12. Arbeitstagung der Deutschen Gesellschaft für Sprache Vlg. Rheinische Büchereien.

GEISSNER, Helmut - WEITHASE I. – WINKLER Ch.:

Sprechen – Hören – Verstehen, 1968, Vlg. Rheinische Bücherei.

GOEPPERT, Sebastian/Herma C.:

Redeverhalten und Neurose, 1975, Rowohlt TB.

GOOSSENS, Franz:

Konferenz- und Verhandlungstechniken, 1981, Heyen Kompaktwissen 105. Erfolgreiche Konferenzen u. Verhandlungen, 4. Auflage 1969, Vlg. Moderne Industrie.

GOTTSCHED, Johann Christian:

Ausführliche Redekunst, Nachdruck der Ausgabe Leipzig 1736, Olms/VVA. Ausführliche Redekunst, aus „Gottsche – Ausgewählte Werke, Band 7/Teil 1-3, bearbeitet von Scholl Rosemary, de Gruyter Vlg..

GREIF, Siegfried:	Diskussionstraining, 1976, Otto Müller Vlg., Salzburg.
JUNG, Hans:	Versammlung und Diskussion. Ein Leitfaden zum erfolgreichen Reden u. Verhandeln, 1980, Goldmann Ratgeber 1084. Handbuch der kommunalen Redepraxis – Ein Redekurs für kommunale Führungskräfte mit einer Anleitung für die Verhandlungs- und Diskussionsleitung, 100 Musteransprachen und Zitatensammlung, 5. überarbeitete Aufl., 1979, Deutscher Gemeindeverlag/Kohlhammer. Versammlungs- Sitzungs- u. Diskussionsleitung im kommunalen Bereich, 1973, Kommunal- und Schul-Verlag Wiesbaden.
KELBER, Magda:	Gesprächsführung, 12. überarbeitete u. erweiterte Auflage 1977, Vlg. Leske & Budrich.
KIRCHNER, Baldur:	Dialektische Rhetorik, 1974, Heyne Kompaktwissen 39.
KLINZING, Hans G.:	Training kommunikativer Fertigkeit in Gesprächsführung und Unterricht, 1978, Vlg. LEXIKA/KNO.
KORFF, Ernst :	Technik und Psychologie erfolgreicher Gesprächsführung und Diskussion, 1974, Moderne Industrie Taschenbuch Arbeitstechnik 109. Redetechnik als Führungsmittel, 3. Auflg. 1969, MVG. Kleine Rhetorikschule, 1973, MVG.

MOHLER, Alfred:	Überzeugend reden, erfolgreich verhandeln, 1977, Langen Müller Vlg.. Cicero für Manager, 1980, Langen Müller Vlg..
NÄGLE, Fritz:	Handbuch für Rede und Gespräche, 1981; Betriebswirtschaftlicher Vlg..
NECKERMANN, Bruno:	Redekunst in der Praxis. Selbstbewußt und erfolgreich durch Dialektik und Redetraining, 1974, Econ Vlg.. Die gute Aussprache. Ein Übungsbuch für Sprechtechnik und Phonetik, 1975, Econ Vlg..
NORMANN, Reinhard v.:	Treffend argumentieren – 500 Streitthemen, 1000 Zitate, 10 000 Denkanstöße, 1977, Vlg. Ott.
PANZENBÖCK, Martin:	Rede, Gespräch, Diskussion – Theorie und Praxis" 1979, Sammlung Göschen 2092.
PEPPER, Hugo:	Kleine Redelehre. Ein Leitfaden für Anfänger und Routinierte, 1979, Europa Vlg., Wien.
PEPPER, Hugo:	Kleine Redelehre. Wien 1981
PEREL MANN, Chaim:	Das Reich der Rhetorik. Rhetorik und Argumentation, Franz. v. Ernst Wittig, 1980, Beck´sche Schwarze Reihe, 212.
QUINTILIANUS:	Institutio oratoria X. – Lehrbuch der Redekunst, 10. Buch, Lato/dt. Reclams UB 2956.
RECLAM Herta/ MIDDERHOFF, Illo:	Elemente der Rhetorik, 1979, Vlg. Oldenbourg.
REHM, Wolfgang:	Gesprächs- u. Redepädagogik, 1976, Vlg. Rheinische Bücherei.

RÜDENAUER, Klaus J.:   Erfolgreiche Musterreden für Führungskräfte, 1980, WEKA – Vlg. (Loseblattausgabe). Die Kunst der freien Rede, 1980;WEKA-Vlg.. Durchsetzungsvermögen in Besprechungen und Konferenzen, 2.Aufl. 1980, WEKA- Vlg..

RUHLEDER
Rolf H.:   Rhetorik – Kinesik – Dialektik. Redegewandtheit – Körpersprache – Überzeugungskunst, 1980, Vlg. für Wissenschaft, Wirtschaft u. Technik.

SHURE, Marna/SPIVACK George: Probleme lösen im Gespräch, 1981, Vlg. Klett- Cotta/SVK..

SICKER, Frank: Großes Buch Festlicher Reden und Ansprachen, Falken Sachbuch 4009.

SOLMSEN, Friedrich: Die Entwicklung der Aristotelischen Logik und Rhetorik, 1975, Vlg. Weidmannsche – Zürich.

SCHELLBACH, Oscar: Redekunst von A-Z. jeder lernt reden der sprechen kann!, 4.Aufl. 1976, Schellbach Vlg. (Lehrwerk aus 12 Studienbänden und 12 Schallplatten).

SCHIFF, Michael: Redetraining, Heyne Kornpaktwissen 8 bzw. 103.

SCHLISSKE, Otto: Starthilfen zum Reden und Diskutieren, Vlg. Schriftenmission.

SCHLÜTER, Hermann: Grundkurs der Rhetorik, 1974, dtv Wiss. Reihe 4149.

124

STANGL, Anton:	Der erfolgreiche Vorgesetzte. – Neue Erkenntnisse zur Führungs- u. Arbeitstechnik, überarb. u. erw. Neuauflage 1978, Econ Vlg.. Führen muß man können, neu bearb. u. erweiterte Aufl. 1979, Econ Vlg.. Die Sprache des Körpers, 1977, Econ Vlg..
STANGL, Anton/STANGL, M. L.:	Verhandlungsstrategie, 1980, Heyne Vlg.. Dialektik am Verhandlungstisch, 1973, Econ Vlg.. Verhandlungsstrategie, 1972, Econ Vlg..
STEIL, Ferdinand:	Deutsche Redekunst. Wien und Leipzig 1928
THIELE, Hartmut:	Lehren und Lernen im Gespräch, 1981, J. Klischhardt Vlg..
UEDING Gert:	Einführung in die Rhetorik. Geschichte – Technik – Methode, 1976, Vlg. Metcher.
WEINBERGER, Sabine:	Klientenzentrierte Gesprächsführung – Ein Lern- und Trainingsprogramm; 1980, J. Beltz Vlg..
WELSCH, James:	Reden richtig aufbauen, formulieren und halten" 1971, MVG.
WEIDENMANN, Bernd:	Diskussionstraining, 1975; rororo – Sachb. 6922.
WOLTER, Kurt:	Die Redkunst, Redetechnik, Rednererfolg, überarb. v. W.Tappe, Falken Bücherei 76.
ZAHORKA, Hans J.:	Rhetorik-Praktikum für Kommunalpolitiker, 1979, Libertas Vlg..

ZIELKE, Wolfgang: Frag dich vorwärts, 1978,1980, MVG.
                      Geben und nehmen. Sich durchsetzen in
                      Diskussionen und Verhandlungen, MVG
                      1980.
                      Rhetorik programmiert lernen, 3.Aufl.MVG71.
                      Sprechen ohne Worte, Mimik, Gestik,
                      Körperhaltung,
                      MVG 1975

„Das Wertvolle im Leben ist die Entfaltung der Persönlichkeit und ihrer schöpferischen Kräfte."

Albert Einstein

Der Weg nach oben
COACHING CORNER KRONBERG
Kommunikationstraining

Persönlichkeitsbildung

Selbstbewusstseinstraining

Sprech- und Präsentationstraining

Montessori und/oder Lerntraining

Legasthenietraining für Kinder

Coaching

Unser Leitbild

Wir richten unser Angebot an Führungskräfte, Führungsnachwuchskräfte, Unternehmer und Selbständige, Abteilungs-, Team- und Projektleiter, Politiker, Lehrer und Privatpersonen mit Interesse an Persönlichkeitsentwicklung. Wir verstehen uns als Gemeinschaft, die Menschen helfen will, ihre Karriere zu beschleunigen und ermutigen Sie, neue Perspektiven wahr- und einzunehmen und Ihr Leben positiv zu verändern.

Wir sind auch für Kinder und Eltern da, die gemeinsam die schulischen Probleme besser meistern wollen. Wir können Ihnen auch helfen, Ihre unternehmerischen Erfolge zu steigern und sich damit neue Chancen zu eröffnen.

Wir wissen, dass jeder Mensch einzigartig ist. Daher bieten wir keine Einheitsware, sondern gestalten unser Angebot nach den persönlichen Bedürfnissen unserer Klienten. Wir sagen Ihnen ehrlich, ob wir Ihnen Ihren Bedürfnissen entsprechende Leistungen anbieten können oder nicht.

Wir bringen Erfahrung, höchstes fachliches Wissen und pädagogisch – didaktische Kompetenz in unsere Arbeit ein. (Wir sind auch in der Lage Ihre Firmen- oder Vereinszeitung zu schreiben und zu gestalten. Auch die Korrektur Ihrer Diplomarbeit oder Dissertation (schriftliche Sprachbeherrschung) ist möglich.

Kontakt:
OStR Prof. Mag. Walter Zigmund
Coaching Corner Kronberg
Dorfstraße 29
A – 2123 Kronberg
Telefon: +432245 83973
Fax: +432245 83973
E-Mail: *walter.zigmund@aon.at*
www.cck.co.at

OStR Prof. Mag. Walter Zigmund: Lehrerbildner an der Pädagogischen Akademie der Erzdiözese Wien, der heutigen Kirchlichen Pädagogischen Hochschule Wien, i. R., Studium der Pädagogik und Soziologie, Volksschullehramt, Hauptschullehramt, zahlreiche Veröffentlichungen